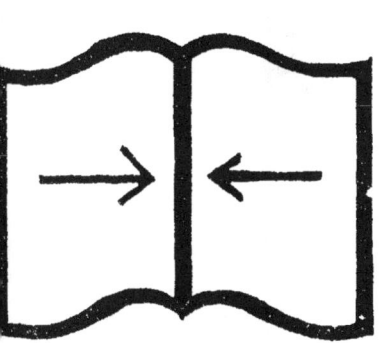

RELIURE SERREE
Absence de marges
intérieures

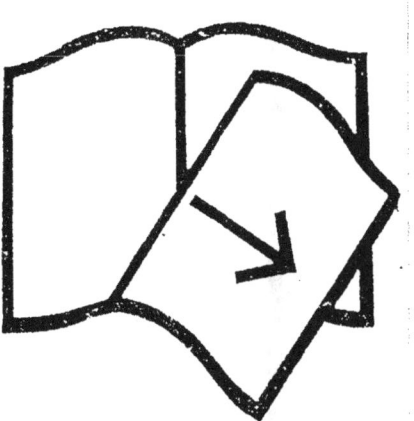

Couvertures supérieure et inférieure
manquantes

LABLE POUR TOUT OU PARTIE DU
CUMENT REPRODUIT

LIVRE D'AMOUR

Châteauroux. — Typ. et Stéréotyp. A. Majesté.

ARMAND SILVESTRE

LIVRE D'AMOUR

HISTOIRES D'AMOUR
FANTAISIES AMOUREUSES

PARIS
L. GENONCEAUX, ÉDITEUR
3, RUE SAINT-BENOIT, 3

1890
Tous droits réservés

I

HISTOIRES D'AMOUR

LE MÉDAILLON

I

Dans le grand salon familial aux tentures armoriées, parmi les élégances raffinées faites de vieilleries exquises et de souvenirs, c'était une odeur très douce, sensible à peine, de chrysanthèmes mêlés aux dernières roses qui pleuraient leurs pétales sur le tapis. Bien que les lampes ne fussent encore allumées, les rideaux, presque complètement tirés, ne laissaient filtrer qu'un mince filet de jour tombant; car, ainsi que vous l'a dit le nom des fleurs mourantes dans les vases, on était au temps automnal où les soirs se hâtent aux horizons, roses plutôt que rouges, avec des buées d'argent où semble s'emprisonner, comme aux toiles d'une araignée, la lumière paresseuse. Au dehors c'était le roulement vague des voitures sur le pavé déjà sourd et luisant, ce monotone bruit qui est, comme celui de la mer, un bercement à la pensée. Une flambée récente s'éparpillait en étincelles dans la haute cheminée où deux tisons se piquaient encore, au moindre souffle, de pointes rouges, comme des yeux presque clos que l'étincelle du regard rouvre encore. Et c'était un grand silence dans la pièce, bien que deux personnes y fussent à côté l'une de l'autre et qui ne faisaient rien moins que dormir.

Vous faut-il le portrait de la marquise Mathilde? C'est tout ce que vous saurez d'elle. Quant au noble nom qu'elle portait, qu'importe un nom dans une histoire d'amour ! Je vous dirai seulement qu'elle le portait authentiquement, étant veuve. Mais peut-être vous intéresserez-vous davantage à cette charmante femme quand vous saurez qu'elle avait les cheveux d'un châtain changeant où, parmi des gerbes de blé, semblaient courir des feuilles mortes d'une couleur indécise, où le fauve se mêlait à l'or clair. Et dans ses yeux aussi, d'une perversité très persuasive, les tons les plus divers se mêlaient : les bleus tendres, les reflets d'améthyste, le vert profond des sources au fond desquelles tressaille un sable fin. Et tout était ainsi énigmatique et charmant dans sa personne et faisait penser au sphinx antique ; son front bas, comme celui des Vénus, mais largement évasé aux tempes, empreint d'inquiétantes méditations; son nez très correct à la naissance avec un frisson irrégulier de chair au bout, quelque chose de curieux et de fureteur ; sa bouche d'un rouge bant; car, ainsi que vous l'a dit le nom des fleurs mourantes dans les vases, on était au temps automnal où les soirs se hâtent aux horizons, roses plutôt que rouges, avec des buées d'argent où semble s'emprisonner, comme aux toiles d'une araignée, la lumière paresseuse. Au dehors c'était le roulement vague des voitures sur le pavé déjà sourd et luisant, ce monotone bruit qui est, comme celui de la mer, un bercement à la pensée. Une flambée récente s'éparpillait en étincelles dans la haute cheminée où deux tisons se piquaient encore, au moindre souffle, de pointes rouges, comme des yeux presque clos que l'étincelle du regard rouvre encore. Et c'était un grand silence dans la pièce, bien que deux personnes y fussent à côté l'une de l'autre et qui ne faisaient rien moins que dormir.

Vous faut-il le portrait de la marquise Mathilde? C'est tout ce que vous saurez d'elle. Quant au noble nom qu'elle portait, qu'importe un nom dans une histoire d'amour ! Je vous dirai seulement qu'elle le portait authentiquement, étant veuve. Mais peut-être vous intéresserez-vous davantage à cette charmante femme quand vous saurez qu'elle avait les cheveux d'un châtain changeant où, parmi des gerbes de blé, semblaient courir des feuilles mortes d'une couleur indécise, où le fauve se mêlait à l'or clair. Et dans ses yeux aussi, d'une perversité très persuasive, les tons les plus divers se mêlaient : les bleus tendres, les reflets d'améthyste, le vert profond des sources au fond desquelles tressaille un sable fin. Et tout était ainsi énigmatique et charmant dans sa personne et faisait penser au sphinx antique ; son front bas, comme celui des Vénus, mais largement évasé aux tempes, empreint d'inquiétantes méditations; son nez très correct à la naissance avec un frisson irrégulier de chair au bout, quelque chose de curieux et de fureteur ; sa bouche d'un rouge adorable et que le sourire ouvrait sur des dents petites et serrées, un sourire qui promettait et retenait tout ensemble le baiser. Il n'était pas jusqu'aux petites fossettes de ses joues et de son menton rondelet qui ne ressemblassent vaguement à des points d'interrogation. Une grande aristocratie de formes était visible sous les mensonges somptueux de ses toilettes et tout disait la race, en elle : ses mains dont les doigts fuselés étaient d'un ivoire veiné de bleu, ses pieds cambrés haut et ponctués d'une cheville insolente. Et le son de sa voix était comme une musique qui passe dans l'air, tantôt joyeuse et tantôt mélancolique, faite de tendresses et de moqueries, disant des airs tristes ou gais suivant qu'elle a traversé des jardins fleuris ou des collines désolées.

Et lui, Gaston ? Pas plus que moi vous ne vous intéressez à son portrait, n'est-ce pas ? Dans un temps où notre sexe a largement mérité le nom de sexe laid, il est de bon goût de ne se point préoccuper de la beauté des hommes. On y a été moins indifférent aux jours de la grande légende grecque, et peut-être les femmes n'en étaient-elles que plus fidèles. Sachez seulement que notre héros réunissait, dans sa personne, les qualités viriles qui imposent aux hommes un certain respect et aux femmes une vague admiration. Très brun, d'aspect énergique, avec des yeux doux et une expression de volonté dans la bouche, et représentant bien ce qu'il était au dedans : un garçon bon et brave, confiant et passionné. Brave, il l'était par état. Car il portait l'épée, et la haute notion du devoir, laquelle ne subsiste plus guère aujourd'hui que chez le soldat, le trouvait toujours prêt à servir, si fort qu'il fût engagé dans d'amoureuses aventures. Ainsi avait-il eu souvent le cœur brisé par des adieux, emportant au loin, dans l'exil des garnisons ou dans le danger des batailles, quelque souvenir qui lui faisait les heures si douces et si tristes à la fois, et un nom que répétaient ses lèvres, longtemps avant que la diane eût jeté sa fanfare dans l'air. Car il y avait un fond de mélancolie très réel dans ce chercheur de gloire anonyme, de la gloire qu'on trouve en mourant pour son pays.

Jamais cependant séparation ne lui avait paru aussi cruelle que celle qui allait l'éloigner, pour longtemps peut-être, de la marquise Mathilde, la première femme peut-être qu'il eût aimée jamais, avec un besoin infini de durée dans la tendresse, et des projets d'avenir donnant un au-delà aux bonheurs rapides de l'heure présente. Là est le caractère certain des véritables amours. Qui n'aime pas en rêvant d'aimer toujours n'est qu'un amant sans ferveur. Celui-là peut se vanter d'aimer qui ne conçoit plus la vie sans celle qui lui a appris vraiment la vie, mettant dans son âme une somme plus grande d'angoisse et de désirs que celles qui, auparavant, n'avaient fait que lui montrer le chemin des divines tortures.

La marquise Mathilde avait été vraiment, pour lui, cette femme qui, comme une aurore, chasse de notre ciel, en y montant, la vision pâlie des dernières étoiles ; Celle aux pieds de qui nous brûlons, avec l'encens de nos propres cœurs, la mémoire des anciennes caresses, et devant qui s'enfuit le fantôme des joies jadis entrevues seulement et réalisées par Elle. Aussi l'adorait-il uniquement, comme un Dieu d'où lui venait tout mal et tout bien, également chers par cela seul qu'ils lui venaient d'Elle. Depuis que leur liaison avait commencé, il avait voulu oublier qu'elle ne pouvait être éternelle, qu'un jour il se faudrait prendre tristement la main, chacun ayant, devant soi, sa route; — elle, sa route du caprice féminin toute fleurie de fleurs nouvelles ; lui le chemin des aventures militaires auxquelles il s'était voué sans retour. Il avait tout fait pour éteindre dans son oreille l'appel des clairons à venir. Et, après avoir aimé son noble état, de toutes les forces de son patriotisme et de sa jeunesse, il s'efforçait de n'y plus penser, vivant dans un rêve, dormant le sommeil ineffable que berce la douceur des tendres paroles et des baisers.

Et cependant l'heure du réveil était venue. On s'allait battre là-bas et il fallait venir revendiquer sa part de danger et de victoire. Il avait reçu l'avis de son départ, depuis plusieurs jours déjà, mais c'est la veille seulement qu'il avait osé l'annoncer à son amie. De belles larmes avaient coulé, tièdes sur ses mains bronzées, et des serments d'amour fidèle étaient venus consoler ensuite cette détresse, des serments qui se scellaient sur sa bouche, dans de délicieux silences plus éloquents cent fois que le verbe inutile. Elle ne parlait de rien moins que de quitter le monde et de s'aller enfermer dans quelque maison de retraite pour y attendre son retour. C'est lui qui, avec beaucoup de désintéressement chevaleresque, avait dû la supplier de n'en rien faire. Que dirait-on de ce volontaire exil dans les troublantes solitudes du cloître ? Leurs amours avaient été, Dieu merci, ignorées des méchants. N'en fallait-il pas révéler le secret tardif par quelque imprudence ? Ne se devait-on pas marier un jour ?.. Quand il parlait de cela, la marquise hochait tristement la tête, sans dire non, mais cependant avec quelque chose de très décourageant dans le regard. N'étaient-ils donc pas heureux ainsi ? Que manquait-il vraiment à leur commune félicité ? Mariée, elle l'avait été déjà et le plaisir qu'elle prenait à oublier le défunt ne témoignait-il pas du peu de bonheur qu'elle avait goûté dans cet état ? Le marquis était odieusement jaloux. Gaston jurait vainement de ne pas l'être ; on lui reprochait alors de ne pas assez aimer. Car, pour une personne d'infiniment d'esprit et d'expérience, Mathilde n'en avait-elle pas moins ce travers commun de regarder la jalousie comme une preuve d'amour et de croire qu'elle fait l'essence de vraies tendresses. A peu près comme la plante parasite qui étouffe sa tige fait l'essence du rosier dont les fleurs immortelles montent plus haut que ses perfides enlacements.

Et puis : reviendrait-il ? Elle avait mis vivement ses belles mains sur ses yeux, quand il avait osé évoquer cette triste image du soldat tombant frappé avec un nom de femme aux lèvres.

— Tais-toi ! lui avait-elle dit. Tais-toi !

C'est alors que, silencieusement, durant qu'il était agenouillé devant elle, éperdu de bonheur à la voir si soucieuse de son retour, elle avait tiré de sa boîte à ouvrage en bois de rose encadrant des velours tendres, une mignonne paire de ciseaux d'or pour couper, dans la chevelure crespelée de son ami, une petite boucle sombre bien que mêlée de quelques fils d'argent. Car, bien qu'il n'eût guère que trente ans, le capitaine portait de neige, comme nous disons au bord de la Garonne.

D'un joli coffret ciselé elle avait extrait ensuite un délicieux médaillon orné d'émaux de Limoges représentant l'Amour avec ses plus aimables attributs ; puis y glissant, après l'avoir baisé bien des fois, ce souvenir vivant, elle avait accroché le tout à un superbe bracelet que le galant officier lui avait offert pour le jour de sa naissance.

— C'est pour la vie ! lui dit-elle. Il ne me quittera jamais.

Des baisers entrecoupés de serments écrivirent sur sa main la reconnaissance du capitaine.

Il partait maintenant plein de foi et de courage. Maintenant il était sûr de revenir ! Sa tête serait toute blanche, sans doute, quand il reverrait l'absente tant aimée ; car la vie des camps est rude et il partait pour une terre toute brûlée de soleil. Mais, dans le médaillon, avec la boucle presque noire, il retrouverait le souvenir de sa jeunesse et des amours prêtes à revivre. Car elle l'aimerait encore, bien que vieilli par la fatigue et l'angoisse d'être loin d'elle.

Ce fut une grande solitude dans le grand salon familial quand il en fut parti, une solitude que traversait le souffle oppressé des sanglots.

II

Il est juste de dire que la marquise ne tint pas longtemps rancune à l'absent du soin qu'il avait pris en exigeant qu'elle demeurât dans le monde, et en lui défendant d'enfermer sa douleur dans quelque couvent. Car ce monde futile et calomnié, elle l'aimait infiniment, en dépit de ses projets de recueillement. Et cette tendresse pour la vie extérieure n'était-elle pas de son âge et de sa beauté ? Quelle femme sûre de plaire a vraiment le mépris des hommages ? Ceux qu'elle recevait sans cesse, grâce au mystère dont ses amours avec Gaston étaient demeurées enveloppées, avaient quelquefois beaucoup fait souffrir celui-ci ; mais elle s'était amusée de sa torture, comme ont coutume de faire ses pareilles en pareil cas, trouvant, dans l'intensité même de ce tourment, un nouveau gage de passion sincère et vraie. Pour aviver cette salutaire inquiétude, elle se laissait même faire un tantinet de cour, une cour discrète, s'entend, et ne dépassant jamais le niveau des exquises galanteries. Ah ! que les femmes de ce temps ont raison de savourer ce dernier relent des courtoisies anciennes, pareil à un parfum de fleur fanée, tout odorant des noblesses originelles et des chevaleries adorables de notre race! Ils sont de plus en plus rares aujourd'hui ceux qui savent faire honnêtement leur cour à une femme réputée honnête. Nous allons vers des mœurs démocratiques et égalitaires qui ne dépasseront bientôt plus l'expression brutale des appétits. Dans la vie affairée, empuantie d'intérêts, hâtive et sans poésie, qui devient celle de nos contemporains, qui donc a encore le temps de composer des madrigaux pour les dames? Adieu les bouquets à Chloris que Chloris aimait cependant beaucoup! Les fleurs que nous offrons aux belles sont comme celles des jeux Floraux, en dur métal, sans parfum, sans vie et sans souplesse, artificielles dans leur réalité! Artificielles à force d'être trop réelles !

Certes, ils n'avaient pas manqué, et allaient manquer bien moins encore, les soupirants auprès de cette belle dame doublement veuve, une fois pour le monde seulement. Parmi les plus empressés était le jeune conseiller Ludovic que je ne compromettrai pas davantage en vous disant le reste de son nom. Il serait peu généreux d'accabler, par cette nouvelle révélation, une magistrature si prodigieusement épurée qu'on n'y trouve même plus aucune espèce de pureté. Ce petit neveu des Lamoignons d'antan était un conseiller de belle tenue, ayant, sous la robe rouge, les meilleures façons, et très estimé dans son métier pour le nombre considérable de pauvres diables qu'il avait condamnés, sans en être ennuyé personnellement le moins du monde. Sévère, mais injuste. Le gaillard aurait pu prendre, pour lui, le beau vers de *Tragaldabas* se comparant à Brutus, et dire :

Moi, j'aurais condamné mon fils, même innocent !

Il vous avait une façon de distribuer les galères qui vous faisait passer une envie de ramer dans les bras des criminels. Il leur décrivait, dans ses sentences, avec tant de grâce et de distinction, les peines qu'ils allaient subir, qu'on s'étonnait de ne pas entendre ceux-ci lui dire : Merci ! Il vous prêtait, à la guillotine même, de faux airs de l'arbre de Robinson. Il vous parlait d'un voyage à la Nouvelle-Calédonie comme d'une excursion en Suisse. Jamais homme n'avait rendu la justice si aimable et positivement il vous aurait fait prendre le fantôme de Thémis pour l'image radieuse de Vénus s'élançant des eaux. Toutes les personnes à la mode recherchaient son audience et venaient le voir répartir galamment un siècle de travaux forcés entre deux ou trois invités. Vous pensez si un tel homme avait du succès auprès des dames ! Il était presque aussi recherché, dans l'exercice de ses fonctions, que certains académiciens qui feraient pousser du public élégant jusque entre les pierres du dôme vermoulu de l'Institut.

L'Institut! Mais il aurait pu en être tout comme un autre! Car j'ai un trait à ajouter au portrait de ce magistrat délicieux. Sous un nom de demoiselle, il publiait des romans honnêtes, destinés à montrer sa béjaune, comme disait Rabelais, à l'école naturaliste, et, sous un pseudonyme masculin, il rimait, pour les dames, des sonnets pleins d'une passion admirablement contenue, de vrais sonnets de conseiller lyrique, mais jamais jusqu'à l'inconvenance, extasiés, mais néanmoins congrus et portant l'estampille honorable du bon sens.

La marquise se moquait-elle, au fond, de lui? Toujours est-il qu'elle l'écoutait comme toutes les autres. Gaston en avait même été un instant jaloux. Mais elle lui avait ri au nez si franchement, quand il lui avait avoué cette faiblesse, que le pauvre garçon n'avait pas su où se cacher. Qu'est-ce donc qu'un simple Chicanou? — Ainsi Rabelais les nommait-il encore — auprès d'un Capitaine? Est-ce donc pour les belles que fut écrit le fameux adage : *Cedant arma togæ?* Est-ce qu'on vit jamais Vénus quitter le camp céleste de Mars pour l'antre olympien de Thémis? Lycoris n'avait-elle pas fui le doux Gallus, tant aimé de Virgile, pour se faire dire par le poète désolé :

Nunc insanus amor duri te Martis in armis
Tela inter media atque adversos detinet hostes !

Vous radotez, Gaston de mon âme ! Jamais grande dame n'a hésité entre le justaucorps et le jupon. Gaston se demanda s'il n'était pas fou, et une sécurité parfaite était demeurée, dans son esprit, de cette explication loyale avec la marquise. Il fait bon, entre amants, ne se rien cacher l'un à l'autre. Le vrai bonheur est à ce prix.

Et puis pourquoi jaloux du conseiller Ludovic plutôt que des autres ? Plutôt, par exemple, que du financier Mathias, qui avait bien aussi son prix dans le monde mêlé d'aristocratie et d'argent où fréquentait la marquise? Car la noblesse d'aujourd'hui est moins fière que celle d'autrefois et s'encanaille volontiers là où le bruit des écus sonne, étouffant l'écho des pruderies d'antan et l'héroïque clameur des héros mourant autrefois, autour d'un tombeau, en Palestine. Les blasons contemporains ne se résignent pas volontiers à ne pas être dorés. Quoi de plus beau pourtant que les vieilles armoiries seigneuriales en pierre, que le lierre a rongées le long des portails en ruines?

Ce Mathias se faisait d'ailleurs volontiers annoncer dans les salons : Monsieur de Mathias! et ses amis affirmaient qu'il avait un brevet de comte romain dans sa poche. L'Église, non plus, n'a aucun mépris pour les mécréants qui lui font l'aumône. Les belles intolérances d'antan sont loin de nous et on n'en veut presque plus, même à Rome, aux Juifs d'avoir crucifié

Jésus-Christ. Celui-ci était vraiment un citoyen peu paisible et les Pharisiens n'étaient pas sans excuse de l'avoir sacrifié à la tranquillité publique.

Il avait d'ailleurs assez bon air, ce Mathias, avec son nez de sémite n'ayant rien d'exagéré et sa chevelure d'or rouge qui donnait une impression de filons aurifères. Il était roux, soit! Mais d'un roux gai, d'un beau roux de queue de renard, et sa peau très blanche était pailletée sous sa face de fouine, comme un flacon d'eau-de-vie de Dantzig. Très frotté au monde littéraire et artistique, qui a toujours des complaisances pour la postérité d'Israël et de Judas, il parlait de tout avec un aplomb énorme, avait son fauteuil à toutes les premières, donnait largement et utilement pour sa propre renommée, faisant mentir le proverbe des anciennes rapacités mardochéennes, ce qui lui était commun d'ailleurs avec beaucoup d'Israélites de ce temps-ci ; banquier, comme tous ses coreligionnaires (il y a des banques à tous les prix), il ne parlait jamais des vilenies de son métier et savait tourner un compliment aux dames beaucoup mieux que d'autres.

Il ne les épargnait pas à la belle marquise et lui reprochait fréquemment de le faire mourir d'amour.

Était-ce une raison vraiment pour que Gaston fût jaloux d'un pareil homme ? En vérité, pour être logique, il faudrait être jaloux de tout le monde, quand on est l'amant d'une femme universellement désirée. Le capitaine se disait tout cela, encore qu'il eût une raison meilleure que toutes les autres de croire à la fidélité de Mathilde : l'humeur de plus en plus caressante de celle-ci, et les emportements de la tendresse qu'elle lui témoignait, de jour en jour davantage. — On ne peut pas aimer deux personnes, en même temps, avec cette frénésie là ! s'était-il dit souvent en haussant les épaules. Après ce qu'elle me donne, que pourrait-il demeurer pour les autres ?

En quoi, ce pauvre Gaston méconnaissait les trésors de tendresse dont certaines femmes disposent et dont on peut dire qu'ils sont inépuisables, en vérité.

III

Espionner une femme, même quand elle n'est pas votre maîtresse, étant une chose du plus mauvais goût, nous ne suivrons pas la marquise aux fêtes auxquelles elle prit part pendant l'absence du capitaine ; et moins encore chercherons-nous à pénétrer les secrets de sa vie de femme élégante et irréprochable. Le bien-aimé ne fut pas moins d'un an retenu sous les drapeaux, où il gagna vaillamment un grade et reçut une blessure au front dont la cicatrice mettait comme un sceau glorieux à son ouverte physionomie. C'est haletant qu'il toucha au seuil de la chère maison où l'attendait une tendresse dont mille promesses fidèles lui étaient venues à travers les mers, lettres brûlantes et fleurs séchées. La marquise faillit s'évanouir de bonheur en le revoyant. Son premier regard, à lui, avait été pour le bras de Mathilde où le médaillon sonnait comme un imperceptible grelot, tandis que ce beau bras s'enlaçait autour de son cou. Ce fut une étreinte très longue où leurs âmes se mêlèrent en même temps que leurs bouches. Et quel renouveau, autour d'eux, de tous les bonheurs d'autrefois dans le même décor ressuscité par le retour de l'année avec les mêmes fleurs et les mêmes parfums ! Le même air tiède et grisant et le même paysage tremblant aux vapeurs de la fenêtre !

Naître, vivre et mourir dans la même maison !

dit un vers exquis de Sainte-Beuve. Aimer surtout dans la même maison, au milieu des meubles familiers, qui portent tous, en eux, l'âme d'un souvenir, la déchirure d'un bonheur fou, la trace d'une larme tombée ! Qui dira la douceur de revivre les impressions passées dans ce monde fidèle qui en fut le cher témoin ! Gaston goûta pleinement cette félicité mystérieuse et son existence reprit les intimités d'autrefois, si charmantes et où les heures passaient si courtes et si rapides tout ensemble !

On se revit dans le monde aussi, aux soirées où l'on feignait de se rencontrer par hasard après s'y être donné rendez-vous toute la journée. Les salons avaient les mêmes hôtes, vieillis d'un an, voilà tout, avec quelques recrues qui en augmentaient la modernité.

Ç'avait été, ce soir-là, une façon de concert où de jeunes demoiselles avaient fait de la déplorable musique, mais très applaudie. La marquise allait partir et Gaston l'avait reconduite jusqu'à sa voiture, emmitouflée qu'elle était, comme la fée des neiges, dans des frissons de cygne, et des fleurs déjà mortes dans les cheveux. Le capitaine, qui la devait rejoindre dans une heure, avait réintégré un instant la petite fête pour ne pas donner lieu aux méchants propos. Or, voici qu'en regardant machinalement le tapis du salon, ses yeux aperçurent, à terre, le médaillon de Mathilde qui s'était certainement détaché de son bracelet dans les pressions de mains échangées sur le seuil. Mais, au moment où il se précipitait pour le ramasser furtivement, le conseiller Ludovic, qui venait de faire la même découverte, le bouscula presque pour atteindre l'objet avant lui :

— Pardon, monsieur, fit le conseiller très rouge. Mais c'est moi qui rapporterai ce bijou à madame la marquise.

— Vous êtes un impertinent, monsieur, et

avait conscience de l'avoir mortellement blessé. Quand le magistrat fut à terre, il se souleva sur les mains, respirant à peine, tandis que le médecin sondait lentement la plaie d'où coulait un flot de sang. Très ému, le capitaine lui dit :

— Je ne veux pas que vous croyiez, au moins, monsieur, que je vous ai tué pour un motif futile.

Et se penchant à l'oreille du mourant, pour être entendu de lui seul :

— Sachez que ce médaillon contenait une mèche de mes cheveux.

Le magistrat eut un sourire amer.

— Vous vous trompez, monsieur, fit-il d'une voix presque éteinte. Car c'était une boucle des miens qui y était enfermée.

Et il expira, sans avoir manqué un seul instant de tenue, allant rejoindre, dans un monde que je voudrais croire meilleur, tous les pauvres hères qu'il y avait envoyés par la

lucarne de l'échafaud et qui durent faire là-bas
à ses mânes un ironique charivari.

Rois qui serez jugés à votre tour !

comme dit le joli vers de Banville. Le justicier
allait tâter un peu de la magistrature céleste
qui, s'il faut en croire les évangiles, ne badine
pas.

Gaston interdit, horriblement troublé, tira
vivement le bijoux de sa poitrine où il l'avait
posé, avant de se battre, comme un talisman.
Il en fit jouer nerveusement le fermoir et faillit s'évanouir d'étonnement en y découvrant
une cinquantaine de brins fauves, un embryon
de mèche rouge qui n'avait pu être cueilli que
sur le front du financier Mathias !

Le lendemain il redemandait à partir et la
marquise le pleure aujourd'hui en s'affirmant à
elle-même que c'est le seul homme qu'elle ait
vraiment aimé.

2.

JEANNE

I

C'était au bourg de Pilhoël, un des plus sauvages de la côte de Bretagne, presque farouche dans son encadrement de hautes roches violettes, dont les crêtes déchiquetées s'ensanglantent au soleil couchant, avec la mer à ses pieds, tour à tour rampante comme une bête domptée, ou furieuse et poussant ses baves sonores jusqu'au seuil des maisons ; par derrière, un paysage abrité et souriant avec des fleurs en toute saison, comme dans les serres, un cirque ensoleillé où les camélias poussent en plein vent. En ce temps-là, Pilhoël était un coin ignoré des touristes et quelques peintres seulement y étaient venus prendre des mo tifs, se gardant bien d'ailleurs d'attirer dans ce lieu délicieusement désert pour les artistes, l'importune colonie des élégants et des curieux.

Cinquante maisons au plus, toutes habitées par des pêcheurs, à l'ombre d'une église en ruines dont la cloche fêlée faisait peur même aux mouëttes. Rien que des femmes, en semaine, s'agitant, entre ces masures avec des enfants pendus à leurs côtés. Tous les hommes étaient à la pêche. Mais, le dimanche, les longs filets rayaient la blancheur douteuse des murs, portant à leurs mailles des paillettes d'argent qui brillaient à la lumière ; et c'était un monde de pauvres gens, mais résignés et pieux, ignorants des rêves malsains où se complaît le peuple des villes ; ayant la foi et le courage. D'aucuns peuvent se moquer de cela. Moi, je pense que c'est tout ce qu'il faut pour vivre.

Il n'est en France, au bord de l'Océan sur-

tout, si humble village qui n'ait sa perle de
beauté. Ce n'était pas mentir que d'appeler
ainsi Jeanne, la plus jolie fille de Pilhoël. Son
beau teint de vierge avait, en effet, les blancheurs nacrées de la perle et tout disait en
elle, cette origine qui, dans la fable grecque,
donne la vague pour berceau à la Beauté.

Tout, en elle, évoquait, en effet, l'image de
la mer natale, dont la clameur avait bercé ses
premiers sommeils : la profondeur mystérieuse et attirante de son regard et la transparence de sa prunelle ; le flot lourd et tumultueux au moindre souffle de sa belle chevelure dorée ; ses lèvres qui semblaient faites du
plus fin corail ; le rythme caressant de sa
ferme poitrine où semblait battre l'haleine d'un
reflux ; enfin, et par dessus tout, je ne sais
quelle grâce nonchalante de toute sa personne qui la faisait pareille à une vague ondu-
lante dans sa belle robe bleue lamée d'argent. Il n'était pas jusqu'à son oreille mi-

gnonne qui n'évoquât la vision d'une de ces jolies coquilles roses aux volutes intérieures, luisantes et harmonieuses.

Les plus humbles vêtements — car elle était une des plus pauvres du bourg — ne dissimulaient, en elle, rien de la race. Ses pieds d'un dessin superbe dans leur nudité saignante quelquefois, ses petites mains que le travail avait souvent déchirées, en émergeaient comme les signes d'une indomptable aristocratie. Tout son être d'ailleurs respirait une fierté où se pouvait deviner la conscience obscure de ses charmes. Sage et modeste, elle l'était plus qu'aucune autre. Mais, comme toutes les autres, aussi, elle avait son secret d'amour au cœur.

Elle avait seize ans et celui qu'elle aimait avait quatre ans de plus qu'elle. Un beau gas aussi et qui, également, sentait couler un noble sang dans ses veines. Quelque chose de recueilli était dans ses moindres gestes et une mélancolie hautaine donnait une impression très particulière à sa physionomie. Habile dans son métier et courageux plus qu'aucun autre. Rêveur avec cela et ne se mêlant guère aux jeux dominicaux sur la petite place de l'église, mais bien plutôt, à l'heure où Jeanne écoutait vespres, chantant elle-même les versets, rentrant pour la contempler au pied d'un pilier, dans l'ombre où tremblottait à peine le reflet jaune des cierges de l'autel, ou s'en allant sur le rivage penser à elle, la musique lointaine des flots semblant emporter vers les horizons la frêle barque de ses espérances.

Qu'est-ce qui séparait donc ces deux êtres si bien faits pour unir leur existence laborieuse et résignée? La misère qui leur était commune. Tous deux étaient orphelins, en effet, et tout enfant, Lohic avait dû servir sur les bateaux, n'ayant gagné qu'un peu plus tard de quoi en acheter un lui-même, et quel bateau ! Le plus vieux et le plus maltraité par la mer de la petite flotte. Quant à Jeanne, c'était la vieille tante Mathurine qui l'avait élevée, avec infiniment de tendresse, mais aussi en se promettant bien de ne lui laisser épouser qu'un homme qui assurerait l'aisance à sa propre vieillesse. Car il y a toujours un fond d'égoïsme dans nos dévouements.

Cet homme, elle l'avait choisi sans en rien dire : c'était Mathias le pilote, le plus considéré d'ailleurs de tout le bourg par ses compagnons ordinaires de pêche. Un rude homme, en effet, avec son visage hâlé et ses mains de bronze, plein de verdeur encore malgré ses cinquante ans, ayant vu souvent la mort en face, lui ayant arraché bien des victimes, ayant fait quelque fortune d'ailleurs et se sentant assez à l'aise pour abandonner enfin son périlleux métier. Il avait vu Jeanne tout enfant, l'avait fait autrefois danser sur ses deux genoux, l'avait regardée grandir avec une croissante et affectueuse sollicitude. Et la vieille Mathurine, qui avait la madrerie naturelle aux paysans de la mer comme aux autres, avait bien deviné que le pilote était amoureux de cette fleur de grâce lentement épanouie sous ses yeux.

Mais Mathias n'était pas un fou et lorsqu'il songeait à son âge, il riait de lui-même et redevenait paternel avec la jeune fille qui n'avait rien deviné, l'innocente, du combat où se déchirait cette âme, cependant solide de vieux marin. Elle était toujours, elle, la même avec lui, naïvement et parfois cruellement charmante, l'admirant, mais à la façon dont on vénère les patriarches et promenant ses jolis doigts fuselés dans les premières boucles grises de la chevelure inculte du muet soupirant.

Elle était toute à sa tendresse pour Lohic et, sachant que sa tante s'opposerait à son mariage avec lui, elle avait résolu de demeurer fille plutôt que d'être la femme d'un autre. Elle le lui avait juré, un soir qu'il se désespérait, tous deux s'étaient rencontrés, comme par hasard, sur la falaise, sous un beau rayon de lune se brisant, sur la mer, dans un éclaboussement d'or ; à une de ces heures mystérieusement douces aux amants, où leurs cœurs semblent s'ouvrir plus grands aux confidences solennelles, où leurs âmes se noient délicieusement dans le même concert d'abandon et de sincérité. Elle lui avait même mis au doigt un anneau, en souvenir de sa promesse, un pauvre anneau de cuivre, mais que monseigneur l'évêque avait béni à la dernière confirmation.

— Je suis devant Dieu ta fiancée, lui avait-elle dit d'une voix où vibrait tout son être, et la mort seule pourra séparer ma pensée de la tienne !

Et tous deux avaient pleuré, l'âcre saveur des larmes qui leur coulaient au bord des lèvres se mêlant aux salines effluves qui montaient de la vague et des algues roulées. Et lui aussi, ayant cueilli une fleur sauvage un peu plus loin, dans la lande qu'une haute nappe de granit rugueux interrompait, et l'avait donnée à la jeune fille qui, entre deux feuillets de son méchant livre d'heures, l'avait posée tout près d'une image de la Vierge portant cette épigraphe : *Ave maris stella!* Et les regards mouillés de Jeanne s'étaient élevés vers une étoile dont un pleur de pitié semblait aussi faire trembler la paupière d'or aux rayons pareils à de longs cils.

Tous deux étaient sortis brisés de cette idylle, mais confiants l'un dans l'autre à jamais, n'attendant rien des hommes, mais tout de quelque merveilleuse et céleste intervention, laquelle ne permettrait pas que l'avenir entrevu par une commune tendresse fût à jamais brisé et qu'un tel rêve demeurât l'éternel désespoir de leur vie. Et l'existence avait repris pour eux, après ce suprême entretien, avec ses monotonies et ses souffrances. Lohic hasardant ses jours sans relâche, sur son mauvais bateau, pour rapporter un maigre butin, et Jeanne réparant les filets des pêcheurs veufs ou célibataires pour quelque menue pièce d'argent que la tante Mathurine faisait sonner aux flancs bien vides encore d'une tirelire.

II

Or, il y avait eu fête ce matin-là à Pilhoël. Le pilote Mathias avait pris solennellement sa retraite. Il avait dit adieu à la flottille qu'il commandait. Ses anciens compagnons, pour lui faire honneur et en reconnaissance des services rendus, avaient organisé maintes réjouissances nationales. Dès l'aube on lui était venu jouer du tambour et tirer des coups de feu sous sa croisée. Puis les fillettes lui avaient apporté un gros bouquet, que lui avait remis Jeanne, ce qui avait fait rougir d'aise, comme une pivoine, la face du vieux matelot. Enfin, on avait bu à sa santé le meilleur cidre, mis tout exprès en cruchons depuis plusieurs mois, et les bouchons avaient sauté, des panaches d'écume montant aux goulots et descendant majestueux dans les verres vite remplis. On avait ensuite chanté à la gloire du pilote.

Lohic n'avait pas été des moins empressés auprès de lui. Il avait pour Mathias une admiration enfantine mêlée d'une confiante sympathie. Combien de fois n'avait-il pas été tout près de lui confier sa tendresse pour Jeanne et de lui demander un conseil ! Avouez qu'il aurait bien choisi son confident ! Mais pouvait-il supposer un seul instant que le vénérable Mathias... ? A vingt ans on trouve que les gens de cinquante sont de véritables Mathusalems ! Ah ! comme j'ai changé d'avis, à ce sujet, après avoir été comme tout le monde !

Comme il convient, la note comique fut donnée dans cette touchante cérémonie. Ce fut la tante Mathurine qui s'en chargea en offrant à Mathias une paire de pantoufles brodées par elle, un véritable jardin en tapisserie avec des roses qui ressemblaient à des choux et des oiseaux qui ressemblaient à des hannetons. C'est que dame Mathurine avait servi à la ville et y avait appris les arts d'agrément. Le vieux matelot, qui n'avait jamais chaussé que des sabots, eut une formidable envie de rire.

— Si ça ne vous fait rien, la Mathurine, lui dit-il avec une reconnaissance goguenarde dans la voix, je les porterai aux mains, en hiver, pour faire le faraud à la grand'messe !

Et il lui avait collé, sur les joues, deux baisers si ronds que la Mathurine en eut les dents ébranlées et claquantes, pendant un instant, comme des castagnettes.

Tout le monde avait pris le congé du matin pour cette réjouissance qu'avait terminée un bon repas, suivi d'un rigodon que dan.e Mathurine avait accompagné sur la guitare, une vieille guitare que ses anciens patrons lui avaient donnée et qui distillait, sous ses maigres doigts, de petites notes de vinaigre tombant, goutte à goutte, dans l'oreille qui s'en recroquevillait de douleur. Mais on n'était pas raffiné en musique, à Pilhoël, et ce miaulement de chanterelle sembla le plus charmant du monde, brodant sur les grognements d'un biniou dont un gars jouait naturellement sans avoir jamais appris. Tout cela avait poussé le temps, par un chemin joyeux, jusqu'à une heure de l'après-midi et il s'en allait vraiment du moment de se mettre en mer pour le coup de pêche qui devait réparer les premières paresses de la journée.

On était en septembre et les premières heures du jour avaient été particulièrement radieuses. Le soleil s'était levé sur l'Océan dans une buée vite consumée par ses rayons, et s'était envolé, comme les dernières fumées d'un incendie, dans une clarté rose. L'azur intense du zénith descendait en pâlissant jusqu'à l'horizon où se confondait le bleu de la mer avec celui du ciel comme dans un long baiser, ligne insensible entre la réalité et le rêve, entre le pays des étoiles et le pays des tempêtes. Et sur les vagues caressantes qui semblaient venir déposer sur la grève et sous les pas d'un triomphateur mystérieux, ses longues palmes d'argent, les alcyons penchaient leurs ailes longues, circonflexes et blanches, mettant comme une fleur d'écume au sommet du flot en l'effleurant.

L'air était tiède, trop chaud peut-être pour la saison, à peine salé, mais chargé de parfums vivifiants, le souffle nourricier de la bête immense qui respire le long de la terre et la réchauffe des battements de son cœur. A voir les quelques petits nuages de cuivre que l'aurore avait rapidement chassés devant elle, les malins avaient bien dit que la journée ne se passerait pas sans orage. Mais cette menace semblait être rentrée derrière les rideaux étincelants du firmament tout en fête et la gaieté de la fête donnée à Mathias l'avait chassée de tous les esprits. Très joyeusement donc, on déliait les voiles le long des mâts pavoisés pour la circonstance, quand un souffle inattendu et un peu rude les souffleta à peine déployées, cependant qu'une vapeur violette s'élevait à l'horizon, se précisant bientôt en une longue lame d'ardoise, frangée de rouge, et s'élargissant, oblique, comme un couteau sombre, dont l'azur du ciel serait coupé.

— Il y aura tempête tout à l'heure ! fit Mathias. Enfants, prenez garde à vous !

— Hein ! comme vous avez bien fait de quitter le métier, mon bon Mathias ! lui coula doucement à l'oreille la tante Mathurine.

Jeanne, elle, regardait tristement Lohic ajustant, de son mieux, le long du bois déchiqueté, la toile grossière et trouée par place qui allait l'emporter comme une aile blessée. Le gars aussi avait une grande mélancolie dans l'âme. Quand il avait voulu faire danser Jeanne, la vieille Mathurine lui avait fait, à travers ses diaboliques lunettes, une telle paire d'yeux qu'il n'avait pas osé inviter la jeune fille. A table déjà, on les avait mis le plus loin possible l'un de l'autre. Aussi ce qui avait été pour tous une réjouissance n'avait été pour lui qu'un supplice.

Jamais il ne s'était senti complètement désespéré. Aussi, quand passant auprès de lui, durant que sa tante était rentrée chercher sa tabatière pour offrir à Mathias une prise camphrée, Jeanne avait enfin pu lui dire :

— Ne pars pas, mon Lohic, je t'en supplie !

Il n'avait trouvé que cela à lui répondre :

— Ah ! laisse moi ! je voudrais mourir.

III

Une véritable tristesse avait empoisonné le départ après cette souriante matinée et des larmes furtives s'étaient mêlées aux adieux le long des barques où les hommes allaient grimper pour aller à la conquête du pain quotidien que demande chaque jour à Dieu le *Pater* des pêcheurs. La prédiction de Mathias avait troublé les plus courageux. Il connaissait si bien l'Océan et ses trahisons, le vieux pilote ! Mais tous avaient de solides bateaux et bien en état de résister à un coup de mer. Et puis ils n'iraient pas au large et se contenteraient de pêcher en vue de la côte, prêts à un prompt retour si le flot et le vent devenaient trop méchants. Seul Lohic courait un danger réel sur son embarcation à demi désemparée par le temps.

— Prends mon meilleur bateau, petit, lui

avait dit Mathias avec une rude tendresse dans l'accent. Mais, pour la première fois, le gars avait remarqué les assiduités de Mathias auprès de Jeanne et de quels yeux il la couvait. Il répondit donc d'une voix sèche :

— Merci ! je n'en ai pas besoin.

Et, sous un dernier regard plein d'angoisse de la bien-aimée, il avait sauté sur les planches mal jointes d'où l'eau avait giclé, jaillissant par les fentes et accrochant déjà des perles aux filets jetés à l'avant et sur lesquels se penchait la voile grise aux longues déchirures noires. Le vent, qui s'était décidément levé, coucha dans le même sens toutes les embarcations qui se relevèrent du même coup, ployées en sens contraire par un terrible caprice de ce souffle despotique. On filait ferme et les voiles disparurent bientôt, une à une, dans les vapeurs violacées de l'horizon, ne semblant plus que les ailes fuyantes de mouettes effarouchées.

Mathias et Mathurine étaient rentrés dans la maison de celle-ci qui avait décidé, à grand'peine, le pilote à venir prendre chez elle un dernier pichet de cidre. Car elle ne savait vraiment quelle câlinerie inventer pour se faire bien venir du seul neveu qu'elle ambitionnât dans ce pays si lointain des rives du Pactole. Le moment lui avait d'ailleurs semblé excellent pour lancer ce qu'on appelle un ballon d'essai. Le vieux matelot venait de renoncer à la mer. C'était le vrai instant pour prendre femme. Jeanne était la plus jolie fille de Pilhoël ; Mathias en était le plus riche pêcheur.

Ces deux aristocraties étaient faites l'une pour l'autre. C'est évidemment le parti qui convenait à tous deux. La commère se mit donc en frais de diplomatie et commença le siège par une énumération significative des vertus de sa nièce. Elle augura bien de l'enthousiasme avec lequel Mathias déclara qu'elle demeurait encore au-dessous de la vérité.

Jeanne, pendant cet entretien où il était si fort question d'elle, était demeurée sur la plage, fouillant d'un regard inquiet et humide l'horizon de plus en plus sombre et dont le rideau d'ombre avait fini par envahir presque la totalité du ciel. Un éclair la déchira tout-à-coup, au lointain comme un coup de faux rasant la surface d'un vert sombre de la mer. Un grondement insensible l'avait suivi à long intervalle. L'orage était encore loin.

Mais elle en sentait déjà les ébranlements et la colère dans son cœur. Le jour était devenu très bas. De larges gouttes d'eau rayaient l'espace et tombaient lourdement sur le sable qu'elles teignaient de gris. Un nouveau zigzag de feu passa dans l'air, qui se doubla dans l'eau profonde, et la voix de la foudre le suivit immédiatement, comme se hâtant vers cette porte de l'enfer subitement ouverte dans le ciel. Jeanne poussa un cri d'angoisse.

— Il faudrait peut-être aller voir, fit Mathias à Mathurine en vidant un dernier verre de cidre à la santé de Jeanne.

— Bah! bah! restez donc! lui fit dame Mathurine en le retenant.

Comme une envolée de pigeons voyageurs regagnant le pigeonnier, pressées l'une contre l'autre, blanches et grandissant rapidement, les voiles des pêcheurs apparurent au fond, toutes couchées sur l'eau, fuyant sous la tempête. Bientôt les barques devinrent distinctes. Un troisième coup de tonnerre avait amené toutes les femmes et tous les enfants affolés sur le rivage, anxieux et perçant des yeux cette étendue redoutable. Mathias, malgré Mathurine, était accouru aussi et une singulière anxiété était sur son rude visage. Ceux-ci, puis ceux-là, poussaient des cris de soulagement et de joie en reconnaissant les leurs. Le vent vint en aide au courage des matelots. Un souffle puissant jeta toute cette flottille en péril sur la plage.

Ce furent des baisers, des étreintes, des sanglots de joie, un choc d'amis éperdus se retrouvant et se fondant. Une voile seule était en arrière. Un lambeau de voile sur un radeau, toutes les bordures de la barque ayant été brisées et un homme se débattant contre cette toile qui le soufflettait, contre les éclats de bois qui lui menaçaient la tête, contre les assauts du flot submergeant cette épave. Jeanne avait reconnu Lohic et, toute pâle, les mains crispées, se sentait mourir.

— Il est perdu ! fut le cri de tous.

— Un seul homme pourrait le sauver ! s'écria un pêcheur.

— Mathias seul pourrait lutter contre une mer pareille ! s'écria un autre.

Mathias avait déjà jeté sa veste à terre. Il allait s'élancer dans sa propre barque.

— Malheureux ! je vous le défends ! hurla Mathurine en s'accrochant à la chemise du pilote.

— Mathias ! Mathias ! répétaient toutes les voix.

Mathias jeta un regard sur Jeanne. Il est des heures solennelles, mystérieuses, où le langage ne sert plus de rien, où les âmes se comprennent dans le silence, où les cœurs s'ouvrent, muets, mais lisibles comme des livres grands ouverts. La jeune fille s'approcha du pilote et lui dit si bas que nul autre que lui ne l'entendit :

— Sauvez-le, et je suis votre femme !

Car ce regard, ce seul regard, dans un tel instant, lui avait révélé la passion du pilote.

D'un robuste mouvement, Mathias envoya rouler la vieille Mathurine, un morceau de toile déchirée demeura entre ses mains crispées. Un bond dans une barque encore toute gréée. Un coup de gouvernail, un grand sillon d'écume derrière ; sur la plage un cri d'angoisse et d'admiration.

L'orage se déchaînait plus furieux toujours ;

les poitrines haletaient; la barque de Mathias avait atteint l'épave, sous une grande furie d'écume qui couvrait par instant les deux embarcations. Deux hommes mêlés dans une même silhouette noire se découpant sur ce fond d'un gris tumultueux. C'est Mathias qui tient Lohic évanoui. La double silhouette se penche, l'ombre d'un seul homme se relève.

Mathias a couché celui qu'il vient de sauver dans son propre bateau et maintenant à la côte ! Un coup de gouvernail, un grand sillon d'écume derrière. Un instant encore et le sauveur dépose sur le sable violemment secoué Lohic qui n'a pas repris ses sens. Une clameur, des hurrahs ! la main calleuse de Mathias passant de lèvre en lèvre ; son nom murmuré par toutes les bouches dans une bénédiction. Les femmes à genoux remercient aussi la Vierge. Jeanne est pâle, immobile, comme morte. Mathias élève vers elle un regard qui demande merci. Un sourire navré passe aux lèvres de la jeune fille et Mathurine, essoufflée, fait rire tout le monde en apportant un verre chaud de vin sucré que celui-ci, malgré les protestations de la dame, veut à toute force glisser entre les lèvres de Lohic qui n'a pas encore rouvert les yeux.

IV

Six semaines après, — c'est le droit du conteur de faire ainsi, à travers le temps, de rapides voyages, — c'est chez Mathias que Lohic, recueilli par son sauveur, a lentement recouvré la raison, que l'émotion trop forte lui avait un instant ravie. Après bien des jours de délire, durant lesquels on désespérait de le sauver, la connaissance de toute chose est revenue dans son esprit, mais dans son cœur aussi une inguérissable tristesse.

Dame Mathurine n'a pas souffert que Jeanne

vint le voir une seule fois. Et, ce qu'il n'aurait jamais supposé, Mathias n'a pas cherché à transgresser ce cruel arrêt. Il a paru du même avis que la vieille dame. C'est que, dans ses rêves de malade, le pauvre Lohic avait si souvent répété le nom de Jeanne et avec de telles tendresses désespérées dans la voix que le pilote craignait d'avoir compris qu'entre eux il était quelque tendresse. Jeanne qu'il voyait tous les jours, chez sa tante, semblait cependant tout à fait décidée à tenir sa promesse. Elle avait laissé officiellement demander sa main à Mathurine et regardait celle-ci, sans protester le moins du monde, travailler à son trousseau.

La jeune fille écoutait les projets de bonheur du vieux pilote, sans lui répondre, mais avec un sourire vague sur les lèvres qu'il pouvait prendre pour un consentement. Un jour qu'elle priait au moment où il entra, elle laissa tomber de son livre d'heures une fleur fanée. Mathias se baissa pour la ramasser et pour la lui rendre, mais vivement elle l'avait devancé et jalousement avait enfoncé la relique dans son corsage.

Mais le vieux marin avait vu son mouvement.

— Qui vous a donné cette fleur? lui demanda-t-il, inquiet sans se rendre compte.

En fille qui ne sait pas mentir, elle répondit:
— C'est Lohic.

Et, comme un regard d'angoisse avait passé aux yeux du pilote, elle ajouta :

— Dieu ne défend pas de se souvenir.

Mathias n'insista pas, mais un doute terrible était entré dans son cœur.

En reprenant sa place, une heure après au pied du lit de Lohic convalescent, il dit au jeune homme :

— Que me répondrais-tu Lohic, si moi qui t'ai sauvé la vie, je te demandais quelque chose en retour ?

— Je vous répondrais, Mathias, ma vie est à vous. Disposez-en donc comme il vous plaira.

Après un silence pénible et un tremblement dans la voix, le pilote reprit :

— Je ne t'en demande pas tant, petit. Donne-moi seulement ce méchant anneau de cuivre que tu portes toujours au doigt.

Lohic eut un sursaut sur son lit et devint tout pâle.

— Ça ! jamais, fit-il avec une colère dans le regard.

— C'est donc Jeanne qui te l'a donné ? reprit Mathias d'une voix étouffée de douleur.

— Pourquoi me le demander puisque vous le savez ? répondit Lohic en fermant les yeux, cette émotion ayant épuisé ses forces.

Le pilote se leva ; les yeux pleins de larmes, il baisa le front du jeune homme qu'une façon de sommeil rapide avait repris. Il écouta son souffle et s'assura qu'il dormait.

— Pardon, murmura-t-il.

Puis, dans un coin de la chambre, devant un crucifix délabré, il s'agenouilla, demandant Dieu de lui donner courage. Rasséréné, une admirable résignation au front, il coiffa son lourd béret de laine et reprenant le chemin de la maison de Mathurine qu'il trouva cousant, avec frénésie, une robe blanche :

— Eh bien, le trousseau sera-t-il bientôt prêt? dit-il d'une voix presque rude pour vouloir être trop gaie.

— Vous êtes bien pressé maintenant, maître Mathias, répondit la vieille. Pour quand vous le faut-il donc ?

Très simplement, cette fois, sur le ton admirable du sacrifice, le pilote répondit, en regardant Jeanne :

— Mais pour quand Lohic sera guéri !

LETTRES D'AMOUR

I

« Mon cher Paul,

Je sais que je vais te briser le cœur, mais il faut que je te dise la vérité. Je suis certaine aujourd'hui que mon mari a des soupçons. Je ne suis dupe ni de ses prévenances à ton endroit, ni de ses attentions pour moi. Tu ne connais M. Grandmartin que par ses beaux côtés ; mais c'est un homme terrible et d'un caractère extrêmement capricieux et bizarre. Tu sais qu'il m'a épousée sans dot et qu'il me rend, depuis dix ans, la plus heureuse des femmes, depuis que je te connais surtout ! Tu as vu comment il t'a accueilli et tout ce qu'il a fait pour que tu aies de l'avancement à ton ministère. Eh bien, il serait capable d'oublier, en un instant, tout cela, et de changer, du tout au tout, s'il venait à apprendre la vérité. Il y a dans ses allures je ne sais quoi qui m'inquiète. Sous prétexte qu'on a assommé deux passants dans notre rue, depuis huit jours, il a acheté un revolver. J'ai cru d'abord que c'était pour te le prêter, puisque c'est toi qui sors tard de la maison. Mais non! Il l'a mis dans son secrétaire, sous clef. Je l'ai surpris l'autre jour, lisant tout seul *Roméo et Juliette*, lui qui a horreur de Shakespeare, et il riait abominablement, d'un mauvais rire, sans doute au moment où les deux amants sont indignement massacrés.

» Tout cela est malheureusement bien clair. M. Grandmartin pressent quelque chose et a de mauvais projets. Mon pauvre ami, il nous faut du courage ! Un éclat serait terrible. Je connais ta délicatesse. Tu ne voudrais ni de l'amour d'une femme perdue, ni de la société d'un homme déshonoré. Dieu merci, nous avons pu nous aimer le front haut dans le mystère. Si tu t'es autant plu dans mon modeste intérieur, c'est qu'il était, avant tout, honorable. Tel je veux le garder pour les enfants que je puis avoir et que j'ai un instant oubliés pour t'aimer follement.

» Il faut nous dire adieu, mon Paul bien-aimé. Tu diras que tu as un voyage à faire et je distrairai de mon mieux mon mari pour l'habituer à ton absence. J'ai dit plus haut que c'était un homme absolument versatile et qui change d'idée sans s'en apercevoir. Un rien, une nouvelle figure dans la maison, et il ne pensera plus du tout à toi. Mais, avant tout, il faut anéantir les traces d'un passé plein de périls. Je veux te rendre tes lettres que je promène depuis huit jours, de placard en placard, tremblante comme une feuille quand M. Grandmartin passe à côté de ma cachette, et j'exige que tu me rendes les miennes. Cet échange ne peut se faire à la maison ; ce serait trop dangereux. Je voudrais d'ailleurs, mon cher Paul, que la dernière heure qui nous est donnée fût douce et exempte d'inquiétude. Voilà donc ce que j'ai imaginé et pourquoi je t'écris ce matin : je vais passer la journée de demain à Fontainebleau, chez ma tante. Attends-moi à l'entrée de la forêt, à l'auberge du père Toutain, où nous avons été, tu t'en souviens, si heureux ! Je ferai dîner de bonne heure, je prendrai une voiture et, sous couleur de promenade, je viendrai passer avec toi une partie de la soirée.

» C'est égal, j'ai le cœur déchiré ! que la vie des femmes est cruelle et de quels sacrifices se paient les saintes joies de la conscience ! Mon mari me saura-t-il seulement gré de ce que je fais pour lui? Comprendras-tu toi-même ce qu'il y a d'amour dans mon courage ? Je ne le sais ; mais qu'importe, — c'est pour soi-même, comme dit ma tante,

qu'il faut bien agir ! A demain donc, mon bien-
aimé !

» Ta fidèle
» ANNA. »

P. S. — Surtout n'oublie pas mes lettres !

II

Paul Aubergier rentrait bien tranquillement
de son bureau quand il reçut cette épître.
Après l'avoir lue par deux fois, il se frotta
bien fort les yeux, comme quelqu'un qui n'est
pas sûr d'être éveillé, et cet exercice le fit
pleurer amèrement. Il fut ému lui-même de
cette douleur éclatante et tenta de sécher ses
propres larmes par de bons raisonnements. —
Anna était, il est vrai, charmante, mais Grandmartin était bien ennuyeux. La maison était
isolée, très lointaine et même un peu hu-

mide, ce qui est toujours malsain. Le détail des deux passants assommés n'avait rien de joyeux ! celui du revolver acheva de rendre Paul à la vertu. Anna avait cent fois raison ! Il écrivit à son chef de division qu'il était d'enterrement le lendemain, à vingt lieues de Paris, et sourit mélancoliquement en pensant à ce qu'avait de vrai ce mensonge.

C'était un garçon pratique et qui se dit qu'il fallait tirer tout le parti possible de ce congé improvisé. Une journée à la campagne détendrait ses nerfs, et la nature est un calmant recommandé par tous les grands écrivains. Paul avait lu Rousseau. Il fit honnêtement un paquet des précieuses lettres et, une heure après, il montait dans le train.

Huit heures du soir sonnaient quand il arriva devant le seuil du père Toutain. On était en juin, à l'époque où il y avait encore des étés, et « ce n'est pas d'hier, » comme dit le divin Rabelais. Le soleil, en posant son pied rouge à l'horizon, en avait soulevé une impalpable poussière d'or. Les grands arbres de la forêt se dressaient sur cette fumée lumineuse comme les piliers d'un temple qu'éteint un lointain incendie. Un grand recueillement était dans toutes choses et semblait monter du mystère des mousses à l'ombre épaisse des feuillées. D'imperceptibles voix faisaient croire au silence. Les parfums se croisaient dans l'air où les fleurs mourantes du jour échangeaient des adieux. Le couchant était fait d'une large nappe de clarté, tandis qu'au bord opposé du ciel un grand nuage semblait l'aile de la Nuit prête à s'étendre.

M. Aubergier n'était pas un rêveur ; mais il était de ceux chez qui existe, comme l'a dit Sainte-Beuve :

« Un Poète mort jeune, à qui l'homme survit. »

Ce poète-là, chez lui, était même mort au berceau. Mais il est des heures où les petits anges que la Mort fait tous les jours prennent leur envolée, descendent parmi nous et s'é[...] battent autour de la terre si tôt quittée. I[ls] viennent consoler les mères et rendre le pre[-]mier sourire à leurs lèvres douloureuses.

Paul reçut ce soir-là la visite du petit exilé qu'il avait logé autrefois, et la beauté de ce spectacle admirable d'une soirée en forêt ne le trouva pas aussi insensible que son chef de division eût pu le souhaiter. Il fut pris, ma foi, d'une belle et bonne mélancolie, se sentit envahi par l'émotion de ce décor et versa, cette fois-là, de vraies larmes en pensant à Madame Grandmartin. Les souvenirs lui montèrent au cerveau avec l'odeur grisante des fougères, et c'est presque comme un automate, sans savoir par où il était venu, qu'il se trouva tout à coup, devant la porte du dernier gîte ouvert à son amour.

III

Un effroyable vacarme le réveilla de ce doux engourdissement des réalités. Le père Toutain venait de flanquer à son neveu Grégoire une paire de gifles qu'on avait pu entendre à Melun. Le gars, que son parent avait redressé ensuite par un solide coup de pied en pleine croupe, en avait déboulé tout l'escalier, et c'est comme un projectile qu'il tombait sur le voyageur, la tête en avant. Paul Aubergier supporta assez bien le premier choc, mais il évita moins bien le second tour de jambe du père Toutain, qui poursuivait le fils de sa sœur avec l'acharnement d'un Atride.

— Polisson! Feignant! Propre à rien! hurlait l'aubergiste. Si jamais je te revois!... Ah! pardon! c'est vous, monsieur Aubergier!

Faites excuse ! Vous n'êtes pas blessé ? Vi[...]
une brosse... et votre dame ?

Paul mit un doigt sur sa bouche.

— Avez-vous une chambre à me donne[...]
pendant vingt-quatre heures ?

— Ah ! sapristi ! vous tombez mal, mo[...]
pauvre monsieur Paul. Une colonie d'Anglai[...]
s'est installée chez moi. Ils herborisent tou[...]
les jours, mais ils rentrent tous les soirs. C[...]
sont des gens très réguliers dans leurs mœurs[...]
J'y pense cependant ! Si vous n'étiez pas tro[...]
difficile, je vous donnerais la chambre de Grégoire.

— Est-ce tranquille ?

— La plus tranquille de la maison.

— Alors, c'est bien, faites mettre de[...]
draps.

Et, sans causer plus longuement, Paul al-
luma un bougeoir et suivit le père Toutain.

Tandis qu'il regarde tristement, par la fenêtre, la première étoile trouer comme une

…èvre de sa corne d'or, le rideau bleu du ciel, …que le père Toutain fait, en grommelant, …lit, si nous parlions un peu du forfait de …régoire ?

Grégoire, riche de seize printemps, mais …ns autres biens au soleil ; Grégoire recueilli …r un oncle brutal, mais miséricordieux, n'a…ait qu'une passion fâcheuse, celle du bra…onnage. Depuis quatre ans déjà, il s'était …rocuré, on ne sait comment, un fusil clandes…in dont personne n'avait encore pu découvrir …'étui, mais avec lequel il avait déjà donné lieu …maintes plaintes.

Les menaces de procès-verbaux pleuvaient …ur ses talons. Mais le corps du délit man…quait toujours. Impossible de découvrir l'arse…nal du jeune malfaiteur ! Pan ! Pan ! on en…tendait les deux coups et l'enfant apparaissait …les deux mains dans ses poches. On avait …fouillé sa chambre dans tous les sens. Impos…sible d'y découvrir des munitions. Par ci, par là, dans les chemins voisins, la douille d'une cartouche récemment tirée. Mais la cartouche elle-même, jamais. C'était sur la dénonciation menaçante d'un notable dont les faisans disparaissaient à vue d'œil, que Grégoire venait d'être traité par son bienfaiteur presque aussi rudement qu'autrefois Nemrod par les auteurs de l'Ancien Testament.

Mais revenons à Paul.

Je dois avouer qu'il avait complètement épuisé, dans son attendrissement devant le coucher du soleil, le tout petit fond de poésie dont la Nature l'avait doté. C'est donc fort tranquillement qu'il se coucha et goûta un sommeil vraiment scandaleux chez un homme désespéré. En vain la fanfare du coq lui sonna le réveil ; ce ne fut pas pour lui que les premiers souffles de l'aurore secouèrent aux branches mouillées, comme d'invisibles clochettes, le gazouillement des oiseaux. M. Aubergier fit grasse matinée, déjeuna copieusement après son lever et ce ne fut que vers l'après-midi, en pleine digestion, qu'il se remit à penser à son amour. C'est par cette discipline dans les occupations que se font les belles santés et les grands hommes. Napoléon était comme ça.

Il ouvrit donc le paquet de lettres de Mme Grandmartin et se mit à les relire pour la dernière fois ; quelques-unes lui inspirèrent des commentaires utiles à relater.

« 1er avril 1886. — Ce soir, à dix heures, derrière la troisième caisse de l'orangerie. »

— Le premier rendez-vous ! Comment se séparer d'un si doux souvenir ?

Paul mit à part cette épître laconique, bien décidé à le garder.

Autre : « 16 avril. — Jamais je ne t'avais si bien compris ! que tu es bon ! »

Il paraît qu'il y avait, dans ces quelques mots, quelque chose de bien flatteur ; car après, un peu d'hésitation, Paul mit bravement cette lettre à côté de celle qu'il avait bien l'intention de ne pas rendre.

Autre encore : « 19 mai. — C'est demain la fête de mon mari, offre lui une jardinière. C'est pour ma chambre. »

— Bonne pour tous ! dit Paul avec un triste sourire.

Et puis celle-là : — « Tu sais que tu m'as bien fait de la peine, mais je veux croire que tu ne m'as pas menti. »

— Celle-ci, pensa Paul, n'est pas meilleure à conserver qu'à restituer, et il la déchira philosophiquement en mille pièces.

Et puis celle-là : « — Que je suis heureuse! Ton chef de division a promis une gratification pour toi à mon mari ! »

— Et il ne me l'a pas donnée ! pensa Paul.

Aussi glissa-t-il ces lignes brûlantes dans le portefeuille spécial où il accumulait ses états de service et ses griefs administratifs.

En poursuivant avec cette méthode, il réduisit sensiblement le volume de la correspondance de sa bien-aimée.

— Après tout, se dit-il, ce n'est pas chez moi que son mari viendra chercher ses lettres.

Il n'interrompit ce petit travail d'épuration qu'à l'heure du dîner. Quelques instants après, un de ces bons fiacres de Fontainebleau façon carrosse, et qui semblent faits exprès, avec leur marchepied proéminent, pour assassiner Henri IV, s'arrêtait, dans la poussière du soir, devant la porte de l'auberge, et une femme en sortait furtivement.

IV

Je n'ai pas encore fait le portrait d'Anna. Je choisirai, pour réparer cet oubli, le moment où, après avoir serré fiévreusement Paul dans ses bras, elle se posa tranquillement devant la petite glace de la chambre de Grégoire, pour détacher, une à une, les épingles qui retenaient sa mantille à son chignon. C'était une jolie petite bourgeoise grassouillette, aux yeux très clairs pailletés d'or comme deux verres d'eau-de-vie de Dantzig, aux mains criblées de petites fossettes, n'ayant ni lignes ni race, mais charmante à voir en profil perdu, avec un beau ton d'ambre sur la nuque.

Signe particulier : la maîtresse ou la mienne.

comme le dit un poète contemporain. En somme, un article de Paris en parfait état.

Ce petit bout de toilette achevé, c'est d'abord avec de gros soupirs qu'on s'aborda. Paul, en particulier, se crut obligé d'imiter, à cette occasion, les forges de l'Etna. Ils sont assommants, nos deux amoureux ! Laissons-les donc à leur mélancolique entretien dans leur chambre d'auberge où la nuit est venue, sans qu'ils aient paru s'en douter, pour courir dans le bois avec ce polisson de Grégoire. Les lucioles s'allument dans les mousses, tremblantes comme des reflets d'étoiles sur l'eau. Des vapeurs d'encensoir semblent flotter sur les vallées. Il monte, des mares lointaines, des tintements de cristal et l'air est imprégné de chaudes odeurs qui grisent. L'épaisseur des feuillées a des sursauts. C'est un daim qui s'effarouche ou une couleuvre qui passe. Des milliers de bêtes se recherchent dans le silence et la vie fourmille dans cette ombre. L'amour est partout, vrai, profond, inexorable, immense, partout excepté dans le cœur du jeune bureaucrate et de la petite bourgeoise qui se restituent leurs autographes.

Eh bien, vous vous trompez ! Au moment où nous retrouvons Paul et Anna, la lumière apparue à leur croisée nous ayant rappelé à notre devoir de narrateur fidèle, ils échangent des serments infinis.

— Eh bien, oui ! toujours ! mais n'écrivons plus ! c'est si dangereux les lettres !

— Le langage des fleurs est si doux et presque aussi commode qu'il paraît !

— A quoi bon nous les rendre ? brûlons-les !

— C'est cela ! Brûlons-les ensemble !

— Je les ai, tant de fois, couvertes de baisers !

— Ah ! que la vie des femmes est cruelle !

Et sur cette exclamation qui lui était familière, Anna approcha de la bougie les deux paquets enrubannés et les fit flamber lentement, regardant s'en envoler des façons de papillons noirs aux ailes un instant traversées d'hiéroglyphes en feu. Pendant ce temps-là Paul avait enlevé méthodiquement le devant de la cheminée, où la jolie Mme Grandmartin jeta le double tison de papier quand celui-ci commença à brûler ses doigts rosés.

Après quoi, Paul s'élança à ses pieds avec

tant d'impétuosité qu'il en jeta à terre la bougie qui s'éteignit, et les serments allaient recommencer de plus belle dans l'obscurité, quand un coup de feu retentit à deux pas d'eux, dans la chambre.

— Mon mari ici ! nous sommes perdus ! murmura M™ Grandmartin en se trouvant mal.

— Grâce ! grâce ! Anatole ! s'écria Paul en se glissant intrépidement sous le lit.

Mais les pauvres enfants avaient affaire à un ennemi sans pitié ! Ce fut une véritable fusillade. Les détonations se suivirent drues et tonnantes, avec des éclairs qui passaient dans les rideaux.

— Au secours ! Au secours ! gémissait Paul.

Le père Toutain accourut, enfonça la porte fermée au verrou, se rua dans la chambre une lumière à la main, suivi de toute sa maisonnée. Anna et Paul gisaient inanimés.

— Un double suicide ! pensa l'aubergiste. Encore des ennuis pour moi ! Y ont-ils mis assez d'obstination, les gredins !

Anna ouvrit les yeux la première :

— Ne m'achève pas, soupira-t-elle ; il est mort et nous étions en train de nous dire adieu !

Paul, à son tour, décroisa ses deux jambes qui se trouvaient dans une fausse position.

— Grandmartin, fit-il tout bas, je vous pardonne ! Mais sa mort, à elle, eût dû vous suffire, et nous étions en train de nous quitter à jamais !

Au dehors, Grégoire s'arrachait les cheveux une véritable broussaille.

— Mes cartouches ! hurlait-il, mes cartouches ! ne les brûlez pas toutes ! je ne chasserai plus jamais !

Car ai-je besoin de te le dire, lecteur, bénévole, lecteur judicieux ? Pendant que se déroulait ce drame affreux, dans un des sites les plus mystérieux de la forêt, M. Grandmartin, le doux et benoit Grandmartin prenait tranquillement sa demi-tasse à Paris, au café des Trois-Guignols, rue Bénévent. Il était même en train de se dire :

— Est-ce ennuyeux que Paul n'ait pas eu l'idée de venir dîner avec moi ! nous aurions fait une si bonne partie de dominos !

C'était l'affreux Grégoire qui avait causé tout ce vacarme et cette terreur. Depuis qu'on ne faisait plus de feu dans la cheminée de la chambre, — et son oncle n'en faisait jamais par économie, — n'avait-il pas imaginé de cacher ses chères cartouches dans une anfractuosité des pierres qui la tapissaient intérieurement ! Le paquet enflammé des lettres de Paul et d'Anna y avait mis le feu. Aucun mal sérieux d'ailleurs. Paul seul avait reçu un unique grain de cendrée par derrière, au moment où il s'agenouillait devant Anna.

A quelque chose malheur est bon ! la morale devait tout gagner à cet incident ; car le hasard n'est qu'une façon d'être de la morale en action, laquelle finit toujours par reprendre ses droits. Anna ne peut plus penser à la blessure de Paul sans lui éclater de rire au nez. Paul, très mortifié, ne put jamais se remettre de la peur qu'il avait eue. Leur coupable liaison fut à jamais rompue, et le doux, le benoit M. Grandmartin put se reposer dans son honneur intact, de toutes les émotions qu'il n'avait pas eues ! Ainsi puisse-t-il en être toujours pour les braves gens !

VENTRE A TERRE

I

Le vieux manoir des Angelives s'élevait, il y a quelques années encore, à quelques lieues de Corbeil, dans cette admirable vallée de la Seine qui vaut les plus beaux paysages du monde. Car elle semble comme un bouquet dénoué sur lequel serpente un clair ruban d'azur. Est-ce parce que des souvenirs d'enfance m'attachent à ce pays qu'il me semble toujours le plus charmant du monde ? Peut-être. Mais je me charge d'en faire aimer les beautés à qui m'y voudra suivre, par quelque joyeuse matinée de printemps que traverse l'âme des aubépines, ou par quelque après-midi mélancolique d'automne rêvant dans le cliquetis d'or des feuilles rouillées.

Le castel dont je parle était comme une note sombre dans cette symphonie éclatante : imaginez une sorte de forteresse démantelée, un squelette de pierre tout noir se dressant sur la gaieté ensoleillée du ciel, une façon de ruine menaçante par la vétusté et imposante par les souvenirs. Là avait vécu une forte race, belliqueuse et oppressive au pauvre monde. On y montrait encore, de mon temps, des oubliettes que fermait à demi l'enlacement des églantiers sauvages, et des cachots avec de lourds barreaux de fer entre lesquels glissait la marche ondoyante des lézards effarés au moindre bruit. Des débris de pont-levis pendaient au-dessus d'un étang desséché dont de très hautes herbes dissimulaient la profondeur. Un tout très pittoresque, mais d'un caractère sombre et féodal, et que l'imagination des paysans du Berry eût certainement peuplé de fantômes agitant un bruit d'armures dans le silence des nuits.

A l'époque où se passa l'histoire que je vais vous conter, le vieux manoir des Angelives était déchu déjà de ses gloires passées. Plus d'hommes d'armes promenant sur les dalles retentissantes la pesanteur sonore de leurs pas de fer; plus de pages en beau pourpoint de velours avec un faucon sur le poignet; plus de nobles dames hâtant de leur talon éperonné la course des haquenées caparaçonnées d'or. Le dernier survivant de la grande lignée, le comte Gaspard des Angelives, était un pauvre gentilhomme, inutilement fier d'un blason glorieux et regrettant fermement l'âge où les seigneurs rançonnaient à leur gré les manants quand ils n'avaient plus d'argent dans leur poche. Mais on était sous Louis XV et les réformes marchaient bon train, étant déjà dans les mœurs avant d'être dans les lois. Les encyclopédistes avaient fait leur œuvre de scepticisme et d'égalité. Toutes les révoltes avaient sonné leur fanfare. On ne voulait plus de suzerains.

Aussi le malheureux Gaspard des Angelives menait-il, dans l'antique maison de ses ancêtres, une vie dont un porteur d'eau aisé eût difficilement voulu. Les malheurs avaient considérablement aigri le caractère de la comtesse, qui n'avait jamais été aimable, d'ailleurs. Mais une consolation vivante, ineffable, suprême, restait à ce couple infortuné. C'était une fille d'une admirable beauté et du plus charmant esprit du monde. Mlle Hélène, qui avait alors vingt ans, n'était ni fort grande, ni fort petite, mais elle avait une taille majestueuse et souple à la fois, sculpturale et gracieuse tout ensemble, comme en ont ces jolies statues de la Renaissance, où la pureté antique des lignes se marie si bien avec l'élégance moderne des proportions. Quant aux

traits de son visage, ils étaient d'une finesse
exquise, impérieux et souriants, pleins de
malice et de bonté. Une chevelure noire, d'un
ton invraisemblable où passaient des reflets
bleus, casquait sa nuque aux belles lumières
d'ambre et venait s'amonceler, comme une
nuit d'orage, jusque sur les blancheurs mates
de son front. Elle avait des yeux d'un extraor-
dinaire éclat et comme pailletés d'imperceptibles pierreries, mais la rêverie y faisait souvent passer je ne sais quoi de divin et d'attendri qui en voilait délicieusement l'éclat. On eût
dit de sa bouche un arc de pourpre se tendant
sur les plumes de cygne dont les flèches de
son sourire étaient bardées. Ses mains étaient
comme un bouquet de lis et ses pieds, non
pas ridiculement petits, mais aristocratique-
ment cambrés et d'un très fier dessin. Elle
portait la pauvreté de ses ajustements avec
une dignité qui les transformait en magnifiques habits. Car la femme pare souvent ses vê-

tements plus que ceux-ci ne la parent, et telle beauté souveraine fait un manteau de pourpre d'un haillon. Mlle Hélène adorait les fleurs et celles-ci suffisaient à lui composer d'adorables parures. Quoi de plus exquis que cette jeune personne? Je vous jure cependant qu'on ne la demandait guère en mariage. On était au seuil de l'âge désintéressé et chevaleresque qui est le nôtre et où les jeunes filles sans fortune sont tenues pour peu de chose, quel que soit d'ailleurs leur mérite et si charmantes qu'elles soient. C'est une des laideurs de ce siècle que cet abaissement de l'amour devant l'argent, de ce qui devrait être tout devant ce qui n'est rien.

Mlle Hélène avait bien un cousin, le vidame Agénor de Clignemusette, d'aussi bonne parenté qu'il soit possible. Car, outre que ses ancêtres personnels étaient très nobles aussi, il aimait sa cousine infiniment plus que la nature et les lois ne nous recommandent d'aimer ces

membres collatéraux de notre famille. Dire
qu'il en était fou n'eût pas été une exagéra-
tion. Car c'est avoir perdu la raison que soupirer, nuit et jour, et composer des vers et des
chansons, que dépérir sensiblement et ne
trouver de plaisir au monde qu'à la platonique
contemplation d'une fenêtre où s'agite mystérieusement un rideau. C'est métier de pur in-
sensé, vous dis-je, et nonobstant est-ce celui
que je vous souhaite. Car je n'en sais pas de
plus doux au monde sous ses apparentes ri-
gueurs. Un regard tombé de la croisée longtemps close fait descendre dans une âme
fidèle des joies où s'oublient toutes les souffrances et qui sont comme un bain de Léthé !

Mais, m'allez-vous dire, un bon mariage
pouvait arranger tout cela et mettre une fin
honorable au martyre de ces deux jeunes
gens. Car Hélène trouvait aussi Agénor fort à
son gré. Sans quoi, croyez bien qu'une jou-
vencelle d'aussi bonne éducation eût jamais

soulevé, du bout de ses doigts mignons, le chiffon de dentelle qui protégeait sa chambre du soleil, et cela précisément à l'heure où son cousin passait tout mélancolique et effeuillant timidement des roses.

Oui, mais Agénor était, s'il est possible, encore moins favorisé de Plutus qu'elle-même. Bah! un garçon de bonne mine et de courage travaille, fait son chemin... Taratata! vous allez trop vite, mes bonnes gens! Agénor avait été élevé dans un mépris de toute occupation qui n'est plus connu des hommes de nos jours. C'est tout ce que ses bons parents lui avaient laissé : le secret de mourir de faim et la manière de s'en servir. On n'est pas plus prévenant pour sa postérité. Il attendait bien une commission de lieutenant dans les armées royales, mais l'intrigue était déjà puissante dans ce temps-là et vous n'attendez pas d'un amoureux fervent comme lui, qu'il s'attarde aux antichambres des ministres quand un sourire de sa belle l'attend. Il s'était adressé, cependant, à des hommes bien en cour, et, en particulier, au fermier général Mistoulard, personnage de grand poids à tous les points de vue, en quoi, lui, Agénor, n'avait montré aucune perspicacité. Car ce Mistoulard était tout simplement son rival, un rival obscur il est vrai et non encore déclaré, mais qui ne rêvait rien moins que de dorer sa roture sonnante au glorieux blason des Angelives. Lui, le gros Mistoulard, l'époux de cette tant gracieuse et délicate Hélène ! Ah ! si je croyais que les dieux le permissent, j'aimerais mieux poser ma plume que de vous attrister par le spectacle d'une si scandaleuse mésalliance !

Il faut bien vous avouer que les choses étaient plus avancées, cependant, que vous ne le supposez. Mistoulard n'avait rien dit à la jeune fille de son brûlant amour, mais il avait offert au comte des Angelives de payer ses dettes, et avait fait miroiter aux yeux de la comtesse un panorama de fêtes galantes et de promenades en carrosse qui n'avait pas été sans émouvoir la vieille dame toujours ennuyée, et sans la faire sourire un moment. Le financier serait le bienfaiteur de toute la famille. Vous savez déjà qu'il avait promis de s'employer auprès du roi pour pourvoir le cousin Agénor, ce qu'il faisait d'autant plus volontiers que cela lui paraissait une excellente façon de s'en débarrasser.

Dors, pauvre Hélène, sous la mousseline tremblante et virginale de tes rideaux. Dors et rêve ! Rêve que ton beau cousin t'apporte encore des roses. Beau papillon blanc, ignore les toiles perfides dont les araignées vont fermer ton chemin vers l'azur !

II

Une magnifique maison de campagne, celle

du fermier général Mistoulard et dont le train
somptueux est un fameux contraste avec celui
du château des Angelives où le pauvre comte
se sert souvent lui-même, faute d'avoir pu
payer sa livrée. Une vraie demeure princière,
dont la grande avenue de tilleuls séculaires
est encore l'orgueil de Soisy-sous-Etioles. Ah!
que j'ai fait là de belles parties autrefois! D'un
pavillon Louis XIII, et d'un simple rendez-vous
de chasse au pied de la forêt de Sénart, l'opu-
lent financier avait fait une résidence digne
d'une favorite et un parc dessiné par un fils
de Le Nôtre, un parc descendant jusqu'au
fleuve et y mirant ses insolentes verdures dans
le frémissement argenté de l'eau. Ce traitant
n'avait-il pas installé, à l'instar de Fouquet, de
magnifiques jeux hydrauliques, comme à Versailles et à Saint-Cloud, dans sa propriété. Ah!
si Mlle des Angelives, au lieu d'être un cœur
naïf et bien épris, eût été une ambitieuse,
comme elle eût été joyeuse du mariage qui lui

coûtait tant de larmes ! Mais, pour une simple fleur cueillie par Agénor, elle eût donné toutes ces magnificences. Il fallait bien se résoudre cependant et obéir. M. des Angelives avait parlé et, en ce temps-là, les discours des parents à leurs enfants étaient généralement pris au sérieux par ceux ci, ce qui n'arrive plus guère maintenant.

Nous sommes même, s'il vous plaît, au jour fixé pour le mariage et nous surprenons M. Mistoulard à sa toilette, à la toilette solennelle qu'il revêtait pour la cérémonie. Mais, vous ayant fait avec amour le portrait de Mlle Hélène, il faut bien que je vous dise aussi un mot des charmes physiques de son fiancé. Ce sera beaucoup plus court : il n'en avait aucun. Il remplaçait la distinction de la physionomie par un air cupide et commun qui, tout d'abord, vous indisposait contre lui ; l'élégance des manières, par une rondeur impertinente dont on se sentait bien vite humilié et révolté.

Croyez-vous qu'il se donnât la peine d'être grand et svelte ? Il était petit et gros, avec la tête dans les épaules, une tête qui semblait posée sur son ventre, comme une boule sur une boule plus grosse, une tête rougeaude et couperosée qu'enveloppait une vague moisissure de cheveux grisonnants et dont l'accident de terrain le plus mémorable était un nez monstrueux, escarpé, taillé dans une truffe énorme ou dans une monstrueuse pomme de terre, un nez qui eût fait reculer Parmentier d'admiration. Ses jambes courtes étaient toujours comme arc-boutées sous le poids de sa personne encombrante, débordante, barricadante. Le large trône de Dagobert lui eût été à peine un fauteuil suffisant. Il ne fût pas resté une toute petite place pour y poser le sceptre et la majesté royale à côté de lui. Eh ! eh ! ce n'est pas tout à fait ainsi qu'on représente Adonis chassant l'ourse sur les monts Thraciens, ni même Narcisse mourant au bord des fontaines, non plus qu'Aristonoüs salué par l'admiration timide des vierges. Bah ! i! nous reste Silène et Sancho Pança. Va pour l'un ou l'autre. Qu'importe, après tout, pour un homme qui se disait fier de n'avoir pas d'aïeux !

Ah ! cette toilette de M. Mistoulard ! Un poème en un nombre incalculable de chants. Il était six heures du matin quand on avait commencé à ajuster sa perruque, une vraie perruque de chérubin toute frisée, une toison à la Saint-Jean sur ce cucurbitacé ! Trois hommes avaient travaillé, de sept à neuf, à le boucler dans un habit de velours doré, à l'y enfermer en conscience, à lui donner une forme à peu près humaine. Le passage de ses bas mouchetés et l'entrée de ses souliers à talons rouges n'avaient pas été de moindres cérémonies. Et comme il se souriait, dans les glaces à se voir devenir si inopinément joli ! En fin de compte, il ressemblait à un saucisson somptueux, tant il était sanglé, serré, étouffé dans son habit. Il soufflait déjà, tout en se promenant dans sa chambre, et en secouant, sous son nez pyrénéen, les dentelles humiliées d'un mouchoir. Dans le carosse qui devait l'emporter au galop de quatre chevaux magnifiques, il avait fait mettre, à l'avance, les derniers présents qu'il destinait à sa fiancée. Au nombre de ces paquets était un rouleau de parchemin, la commission de lieutenant du jeune vidame Agénor de Clignemusette. Encore un don de joyeux avènement! Le rusé Mistoulard se réservait de demander une seconde faveur au roi au sujet de ce jeune homme : celle de l'envoyer fort loin et, autant que possible, dans un climat malsain d'où il ne reviendrait jamais. Ame charmante que celle de ce financier et pleine de rêves délicats !

Pauvre Hélène qui devait être si charmante alors sous la neige parfumée d'orangers de son voile blanc !

Les quatre chevaux piaffent, impatients, dans la cour. Ils sont attelés à une voiture qui ne serait pas déplacée au sacre d'un souverain, une calèche de gala toute pleine de dorures avec des peintures aux panneaux, un véhicule superbe tout tendu de velours grenat à l'intérieur. Le cocher très poudré, un cocher énorme et coiffé comme un broc de bière, est sur le siège, les rênes et le fouet à la main. Quatre laquais aident M. Mistoulard à descendre le perron sans rien abîmer ni déranger de l'ordonnance de son accoutrement. Le premier essuie la poussière sur les marches devant ses pas ; le second lui donne la main comme à une jeune dame qui se rend à un dîner de cérémonie ; les deux autres soulèvent les basques de velours de son habit pour les empêcher de traîner à terre. Je vous jure que tout cela est tout à fait touchant à voir. Tout le personnel de la maison est sur pied pour assister à cette descente majestueuse et comparable au déclin magnifique du soleil descendant l'escalier de l'horizon occidental. Quelques petits marmitons incongrus crèvent bien de rire entre leurs doigts maigres et sales. Mais quel sérieux sur les fronts abêtis de toute cette valetaille! M. Mistoulard se sent admiré et chacun de ses gestes en revêt quelque chose de solennel. Place, manants, au sac d'écus qui passe !

Enfin voici le fermier général au pied de sa voiture, faisant crier le sable sous ses semelles neuves : un domestique a ouvert devant lui la large portière ; un autre a abaissé le marche-pied que M. Mistoulard atteint néanmoins péniblement, craignant que sa belle culotte à ramages bleus cède à une tension trop vive et trop brusque. Il brûle d'impatience cependant, le faquin ; car il se sent en retard et il sait que son futur beau-père est la susceptibilité même. Il prend donc son élan, et crie, du dehors, d'une voix de tonnerre : Ventre à terre !

Ventre à terre! Ventre à terre ! Le cocher n'a pas plus tôt entendu qu'il s'allonge sur ses guides et détend les jarrets des chevaux sous une formidable fouaillée. Ventre à terre ! Ventre à terre ! Les quatre bêtes magnifiques rasent le sol du poitrail et leurs jambes horizontales ont comme un frémissement d'ailes. Leurs crinières et leurs queues échevelées flottent confuses dans le brouillard de leurs naseaux sanglants et de leurs croupes fumantes. Ventre à terre ! Ventre à terre ! Tout le paysage semble fuir en arrière, comme effrayé de cette vertigineuse course à travers la campagne. En un clin d'œil s'égrènent, sur cette route folle, tous les villages riants comme feraient les grains d'un chapelet dont le fil serait rompu : La Pêcherie, Saint-Try, Draveil, coins où les maisons s'étagent comme des moutons au revers d'un fossé. Ventre à terre ! Ventre à terre ! Les roues font jaillir des étincelles des cailloux et la poussière en est constellée, comme une petite nuée qui roulerait des étoiles. Ventre à terre ! Ventre à terre ! Les harnais claquent comme des becs de corbeaux et le fouet cingle au vol les hirondelles. Ventre à terre ! Ventre à terre ! Le cocher lui-même a le vertige et a perdu en chemin sa coiffure de cruchon.

III

Cependant on s'impatiente au château des Angelives ; non pas la pauvre Hélène, grand Dieu ! qui voudrait que son futur n'arrivât jamais et qui soupire bien fort dans sa blanche toilette, mais M. le comte qui constate avec amertume que M. le curé a revêtu sa chasuble depuis dix minutes déjà, et que les enfants de chœur, prodigieusement dissipés, ont commencé de jouer à la poucette dans une allée. Enfin, sur la route, un nuage blanc apparaît qui semble poussé par quelque terrible ouragan ; un crépitement d'abord confus, puis plus net de coups de fouet sort de cette poussière.

Un instant encore et les quatre chevaux exténués, fumant comme des forges, s'affalaient, les jambes tremblantes de fatigue, devant le perron en ruine.

— Enfin, vous voilà, monsieur mon gendre! fit d'une voix rude M. des Angelives.

Et Mme la comtesse, redevenue grinchue, murmurait en même temps :

— On n'est vraiment pas plus malotru que ce croquant !

Cependant, ni Monsieur le gendre dénommé plus haut, ni le croquant, n'apparaissaient. Le grand laquais, assis sur le siège du carrosse pendant sa marche, s'était rué aux portières. Il y restait collé comme un imbécile, avec la bouche ouverte et, dans les yeux, l'expression de la stupéfaction la plus complète.

Il y avait de quoi être, en effet, surpris morbleu ! et je vous donne en cent à deviner ce qu'il voyait.

Mon Dieu, rien du tout, et c'était là l'étonnant !

M. le fermier général n'était pas dans sa voiture.

Ce fut un ah ! général quand, enfin remis de sa première émotion, le grand laquais fit à tout le monde part de sa découverte.

Les plus invraisemblables hypothèses circulèrent sur les lèvres.

— Ce pauvre M. Mistoulard se sera penché en dehors et le vent l'aura emporté.

— Mais non ! Il est beaucoup trop gros pour cela.

— Des bandits l'auront attaqué en route et enlevé.

— Impossible ! Ses gens s'en seraient bien aperçus et puis, rien n'a été dérobé dans le carrosse plein de paquets.

Le cocher, affolé, répétait toujours la même chose :

— Monsieur m'a crié : Ventre à terre ! J'ai fouetté et nous ne nous sommes pas arrêtés une minute en chemin.

— J'ai parfaitement entendu aussi monsieur crier : Ventre à terre ! et nous sommes partis ! confirmait le grand laquais.

— Voilà une plaisanterie d'un goût détestable ! fit enfin M. le comte des Angelives, furieux.

— Le croquant s'est moqué de nous ! dit la comtesse exaspérée.

Seule, la douce Hélène pensait : « Est-ce que Dieu que j'ai tant prié a eu pitié de moi et a fait en ma faveur un miracle ? » Et elle joignait ses belles mains blanches où couraient, sous la transparence divine des chairs, de petites veines d'un bleu pâle comme de fins ruisseaux captifs sous la neige.

— Nous réclamons l'intervention de la justice et une enquête ! firent le cocher et le grand laquais, qui craignaient qu'on les accusât de quelque méchante action.

Et, de fait, M. le bailly de Soisy-sous-Etioles fut mandé, qui reçut les dépositions de chacun, inventoria les objets demeurés dans le carrosse et en confia la garde, aussi bien que celle de la voiture, à M. le comte des Angelives. C'est ainsi que fut trouvé la commission de lieutenant d'Agénor de Clignemusette, lequel, ignorant cette aventure, était en train de se lamenter piteusement et de composer une élégie sur son irréparable malheur.

— A présent que le voilà pourvu, dit le comte en parcourant cette royale paperasse, je l'aimerais mieux pour gendre que ce manant de Mistoulard qui, je le répète, n'est qu'un stupide facétieux.

— Au moins Agénor a de la naissance ! ajouta Mme la comtesse.

Un beau rayon d'espoir illuminait le regard

charmant d'Hélène, pareil à ces échappées de soleil qui traversent, parfois, aux premiers jours du printemps, la rapide mélancolie des averses.

....

Et, durant ce temps, dans sa superbe maison de financier, un homme se désespérait avec plus de raison qu'Agénor et soutenait, avec peine, sur son visage endolori, le poids d'un cataplasme. C'était le pauvre Mistoulard, parbleu ! dont il est temps que je vous narre le déplorable cas. Au moment où l'impatient fermier général avait crié à son cocher : Ventre à terre ! et où celui-ci avait obéi avec la rapidité que vous savez, le soulier trop étroit de Mistoulard était à peine posé sur le marchepied. Le départ rapide de la voiture l'en avait fait glisser et le gros homme, perdant la portière de la main, s'était aplati sur le sol, tandis que le carrosse vide filait avec un entrain diabolique, sans que le cocher ni le grand laquais étourdis par cette vertigineuse envolée dans la clameur des roues et des coups de fouet, entendissent ses cris, non plus que ceux de la livrée qui s'empressait pour le relever.

Vous savez le reste.

Dans cette chute ridicule, M. Mistoulard avait si fort écrasé son nez monumental que les narines aplaties lui encombraient les avenues des oreilles et que sa vue était bouchée par le grand gâchis de chair qui s'était fait sur sa face, qui lui fermait la bouche et qui lui débordait malgracieusement le menton. Telle une citrouille sur laquelle se serait abattu un pan de mur. Allez donc vous présenter à votre fiancée dans cet appareil ! Il se tint à la chambre plus de trois semaines avant de s'oser montrer défiguré qu'il était pour toujours. Durant ce temps, l'heureux Agénor épousait Hélène. Tant mieux, ma foi ! Les vrais amoureux méritent seuls qu'on s'intéresse à leur tendresse. Le financier est devenu affreusement misanthrope et mélancolique, matagrobolisant, comme dit Rabelais, et silencieux. On l'entend quelquefois répéter, comme un maniaque, en se frottant l'abdomen : Ventre à terre ! Ventre à terre ! Puis il retombe dans son maussade recueillement.

CHANTECLAIR

I

Le capitaine Chanteclair était un homme superbe, d'aspect tout ensemble martial et doux; jeune encore au moment où je vous le présente et qui passait pour un des officiers les plus gais de l'armée. Il n'avait pas son pareil, en effet, pour chanter une chanson joyeuse à table et pour conter, au café, quelque gauloiserie. — Quel bon vivant, disait-on de lui, à moins qu'on ne dît : — Quel boute-en-train ! — En voilà un gaillard qui n'engendre pas la mélancolie ! ou bien : — Heureuse nature que le capitaine Chanteclair ! Le chagrin ne peut rien sur lui ! Le capitaine laissait dire.

De vous à moi, c'était tout simplement un sage et un discret. Un sage, parce que, ayant une grande douleur au fond de l'âme, il craignait de se diminuer en se laissant deviner à des indifférents ; un discret, parce qu'il pensait, avec raison, que l'homme doit garder ses maux pour soi-même, et ne pas attrister ses pareils de ses propres misères. Poussant cette théorie aux extrêmes, Chanteclair se croyait tenu de faire d'autant plus de frais pour égayer ceux-ci qu'il en ressentait moins l'envie. Doué d'un tempérament jovial qu'une immense peine avait déchiré, il aimait à en secouer les lambeaux au nez des passants, et s'en était fait comme un voile éclatant, mais impénétrable, derrière lequel nul ne put pénétrer ce secret de son deuil intérieur.

Ce deuil mystérieux et profond lui venait de la perte d'une femme qu'il avait passionnément aimée et que la mort lui avait prise en plein épanouissement de confiance et de jeu-

nesse. Mais pour bien comprendre quelle était
sa peine, il vous faut bien dire quelques mots
de celle dont le regret était au fond de toutes
ses pensées.

Mariage d'amour, comme il s'en fait souvent dans l'armée. Eliane de Solanges avait peu de fortune ; mais elle possédait mieux que les richesses, une grande bonté dans une beauté sans tache. Le jour où elle avait remis une robe blanche pour sortir de l'église au bras de son époux, on eût pu la prendre encore pour une petite communiante, tant la candeur de son costume seyait à la candeur virginale de son visage. Si nous étions plus perspicaces, — et ce serait vraiment un grand malheur, — nous devinerions, à un certain charme pensif, ceux qui nous doivent bientôt quitter, les élus pour qui la vie sera bientôt trop lourde, les anges impatients de leurs ailes, les âmes qu'appelle déjà le souffle implacable de l'éternité. Oui, ces voyageurs d'un jour, qui ne se doivent pas attarder aux terrestres misères, portent en eux les signes qui font reconnaître les exilés qu'attend le retour. Ce n'est pas qu'Eliane fût le moins du monde d'aspect mélancolique. Au contraire ; elle souriait beaucoup, mais il y avait dans son sourire la douceur mystérieuse d'un adieu.

Mais si vous croyez que Chanteclair en était à ces prévisions funèbres ! Eliane semblait bien portante, quoique un peu pâle sous sa chevelure blonde qui semblait une gerbe de blé mûr écrasant un bouquet de lis. Car tout était charme dans sa personne, charme pénétrant et rappelant cette grande poésie des choses où toutes les beautés se résument dans la femme, ce chef-d'œuvre de Dieu !

II

Qu'elle fut douce pour eux, la vie qui devait

être si courte ! Avant d'être l'un à l'autre, unis par des nœuds sacrés, ils s'étaient aimés longtemps, elle avec des pudeurs exquises de jeune fille, lui avec des timidités charmantes d'adolescent. Qui dira les fleurs qu'il avait ramassées quand elles tombaient de son corsage et qu'il avait pieusement cachées dans sa poitrine ? Qui dira les riens délicieux dont avait été remplie leur existence d'amoureux sûrs l'un de l'autre et se tenant la main dans la main devant la sérénité d'un ciel dont chaque caresse semblait les bénir ? Ils étaient comme cet admirable couple de l'*Angelus*, de Millet, recueilli sous l'épanouissement d'une aurore. Ah ! que ces belles aurores des braves gens qui s'aiment saintement et entendent s'aimer pour toujours sont pour faire honte aux banales tendresses où tant d'entre nous consument leur vie !

Que de projets sous la fraîcheur des avenues, quand l'haleine du printemps roulait dans l'espace des espoirs épars avec le parfum des dernières violettes et des premières roses! L'avenir, il était là, devant eux, prêt à saisir, impossible à voir s'envoler. Il y avait bien la guerre, un jour, qui les pourrait séparer... Mais qui croyait alors à la guerre ! Elle le suivrait, d'ailleurs, et soignerait les blessés sur les champs de bataille. Car il y avait beaucoup d'héroïsme dans cette âme d'Eliane, beaucoup d'héroïsme mêlé à une grande poésie. Ah ! Chanteclair avait bien choisi la vaillante compagne qu'il fallait à sa vaillante nature ! Aussi comme ils allaient être heureux !

Et ils le furent vraiment; ils le furent, et heureux d'un tel bonheur, qu'on se pouvait demander s'ils n'avaient pas eu leur part complète quand la mort mit l'insondable abîme entre eux. Il est des heures dans lesquelles peut tenir une vie tout entière. Leur union trop rapidement brisée fut faite de ces heures-là. Qui oserait, d'ailleurs, maudire la vie quand il a aimé ? Ce sont ceux qui restent qu'il faut plaindre, et non pas ceux qui s'en vont assurés d'un souvenir éternel.

Un mal mystérieux fit plus grande la pâleur d'Éliane. Chanteclair refusa d'abord de croire à son malheur. Elle s'endormit sous le soleil tiède du premier printemps de leur mariage. Elle s'endormit avec son beau sourire aux lèvres, son sourire qui les entr'ouvrait et en soulevait les coins avec une inflexion d'aile d'oiseau prenant sa volée.

III

Il l'avait pleurée comme un fou, dans l'ombre ; puis, n'ayant plus de larmes, il avait enseveli son souvenir au meilleur et au plus caché de son être, aimant la solitude, pour ce qu'elle lui ramenait l'absente envolée, mais ne la cherchant pas, parce qu'il en sentait le danger. Pour tous, comme je l'ai dit au début de ce récit, il avait repris sa vie d'officier sans souci. Mais ce qu'il y avait au fond de cette belle humeur, c'était la ferme intention de mourir à la première occasion glorieuse.

C'est alors que la guerre de 1870 éclata.

Je ne rappellerai pas les douloureux héroïsmes de la défaite qui nous fit plus chère encore l'armée. Quiconque aime son pays, aime aujourd'hui l'armée. Seule et dernière dépositaire des traditions d'honneur, dans un siècle où les croyances ont fait place à des appétits, jamais elle n'a mieux mérité le culte de ceux que révolte l'égoïsme contemporain. Dans ce temps de vaines paroles, où ceux qui ont accepté de servir la patrie au premier rang n'ont que des discours à lui offrir, ceux qui lui donnent encore leur sang valent bien qu'on les salue. Pour ceux-là seulement, le vieux mot d'héroïsme qui soulevait naguère un monde plus jeune et plus généreux, n'est pas un mot sans portée. En dépit de l'avilissement des consciences et des âmes, ils demeurent, à travers les siècles, les frères des vaillants qui mouraient aux Thermopyles et que sacrait le souvenir de la postérité. A notre armée française, un nouveau prestige est venu de ses défaites mêmes si chèrement achetées par le nombre, si vaillamment supportées par un immortel espoir dans les destinées du pays.

Le tambour battait et Chanteclair comptait bien, en partant, ne pas revenir.

Mais on ne fait pas toujours ce qu'on veut.

Chanteclair eut beau se jeter au milieu des balles à Gravelotte, il en obtint bien trois pour son compte, mais dont pas une seule ne lui fit une blessure mortelle. Il fut ramassé sur le champ de bataille par une ambulance prussienne et se retrouva prisonnier de guerre à Heidelberg dans une pauvre famille russe qui, aimant passionnément la France, avait demandé la faveur de le recueillir.

Par le même sentiment stoïque qui lui avait toujours fait cacher à tous, sous une feinte gaieté, ses souffrances morales, il tint à honneur de ne pas paraître vaincu davantage par les physiques ; et, à peine ses plaies glorieuses cicatrisées, il émerveilla ses hôtes et ses camarades d'exil par l'égalité de son humeur et la verve de son esprit. J'insiste sur ce point de la nature du capitaine, parce que beaucoup ne se doutent guère de ce que coûte à une tristesse cachée un éclat de rire ou une chanson et quel saint orgueil est au fond de certaines joies bruyantes. Bref, il se fit adorer des braves gens qui lui faisaient moins dures l'absence de la Patrie et la perte de la liberté.

IV

Un jour, cependant, se sentant succomber

sous le poids de ses souvenirs, il remonta
dans sa chambre et s'y enferma pour permettre à sa douleur une heure de lâcheté et
d'abandon. C'était le jour des Morts. Accoudé
devant sa fenêtre, en face d'un paysage étranger que poudraient les premières neiges, il
sentit des larmes lui remonter, brûlantes, dans
les yeux, courbé qu'il était sous le double
deuil de sa patrie vaincue et de sa bien-aimée
morte. Il songea que ce grand linceul allemand s'étendait jusque sur le cœur même de
la France et en glaçait les battements. Il songea surtout que la pauvre trépassée n'aurait
pas ce jour-là, pour la première fois depuis dix
ans, son bouquet de bruyère blanche. Un
poème d'antan que ce bouquet ! une superstition d'amoureux ! Eliane avait à la main une
gerbe de ces fleurs, la première fois qu'il l'avait rencontrée, et l'accord de leurs âmes s'était si vite fait qu'il en avait emporté un brin
la première fois qu'il l'avait quittée. Or, ce don

de fiançailles, la mort en avait fait une relique qu'il portait sur lui le jour de la grande bataille. Chaque année, en ce temps de souvenirs, il rajeunissait de bruyères nouvelles le petit jardin funéraire dont le sable avait si souvent déchiré ses genoux. Certains détails sont ce que la douleur a de plus poignant, sinon de plus profond. Vous me croirez si vous voulez, mais l'idée que la chère morte souffrirait de cet abandon et regretterait ses fleurs accoutumées se mit à torturer Chanteclair si cruellement que son cœur de bronze se fondit comme dans une coulée, l'humble héros se mit à sangloter comme une femme, la tête enfouie dans ses coudes, haletant et laissant couler sur ses manches de longs ruisseaux.

Pauvre diable !

Puis il demeura dans une sorte de prostration qu'un rêve traversa, un rêve ailé dont le vol lui caressait le front.

. . . .

Celle qu'il pleurait s'approchait doucement de lui, d'un pas sans frôlement, silencieuse comme la course des ombres quand le soleil les fait tourner autour des choses. Eliane ne semblait pas souffrir, car elle souriait, et ses beaux yeux bleus semblaient ouverts sur un doux spectacle. Sa chevelure dénouée n'avait pas les tragiques emmêlements du désespoir, mais tombait sur ses épaules en ondes calmes et dorées comme celles d'un lac que dore le couchant. Elle était si près de lui qu'il sentait passer son souffle sur son visage. Tout à coup, ses deux mains effilées et blanches se dégageant du long voile qui l'enveloppait, elle lui tendait un bouquet blanc.

L'image avait pris une telle intensité que le capitaine se réveilla de sa torpeur en poussant un cri.

Sur sa table, devant lui, était une gerbe de bruyères que la neige avait faites toutes blanches.

Et, sur le seuil de la chambre, Eva, la fille de ses hôtes, une enfant de six ans, se tenait honteuse et toute peinée, ce sursaut ayant gâté la surprise qu'elle voulait faire au prisonnier.

Chanteclair se leva. Il comprit ce que valait cette pitié d'une fleur que lui apportait la pitié presque aussi inconsciente d'une enfant. Il embrassa la petite fille, puis revenu devant le bouquet, il pensa à Éliane et se mit à songer que, le jour des Morts, ce sont les trépassés peut-être qui nous plaignent d'être encore captifs du tombeau bruyant qu'on appelle la vie, et que quelquefois aussi, ils apportent mystérieusement des fleurs à ceux d'entre nous qui ne peuvent aller jusqu'à leur mausolée.

LE PONT

Enfoui dans la profondeur des verdures, le moulin ne se décélait guère d'abord que par son bruit d'eau battue et s'égrenant en perles sonores. C'était, au loin, comme une chanson au rythme mélancolique, puis s'égayant de mille fioritures charmantes. Car rien n'est gai comme cette musique des flots, sinon peut-être le chant des fauvettes qui la brode volontiers de trilles éperdus. Bien que considérable, le corps principal dépassait à peine, de sa toiture de briques rouges, les cimes d'une véritable futaie, et par derrière un beau rideau de peupliers fermait l'horizon, ne laissant filtrer, quand le soir approchait, que les lumières rouges du couchant. Pour parvenir à l'entrée, il fallait traverser une petite rivière dont un des méandres venait, un peu plus loin, se tordre et se briser sous la roue laborieuse. Un pont servait à ce passage, mais un pont dont l'entrée et la sortie étaient seules encore dans un état passable, le milieu n'étant plus praticable que grâce à deux planches mobiles posées en long sur les deux parties résistantes, aux deux bouts. Aussi les voitures chargées de blé ou de farine devaient-elles faire un grand détour, les piétons seuls se hasardant encore sur ce périlleux chemin.

Et cette oasis ainsi défendue par un semblant de danger, coin mystérieux de paysage où l'industrie humaine avait fait son nid, était située en Bourgogne, comme on l'eût pu deviner, même sans carte, à la belle trogne rouge et au robuste aspect du maître de céans. Le père Bernard était, en effet, un type vigoureux de buveur de « purée septembrale », comme

disait Rabelais. Non pas, au moins, qu'il fût
ivrogne le moins du monde. Mais le bon vin
met toujours dans les veines une chaleur qui
monte en gaîté au cerveau, et c'est pour cela
que nous lui devons beaucoup des vertus de
notre race, lesquelles sont, avant tout, la belle
humeur et le courage. Il ne manquait, croyez-
le bien, de l'un ni de l'autre, ce vaillant meunier, très franc d'allures, madré au fond
comme tous les gens de campagne, bon compagnon au demeurant et qui n'avait qu'un défaut familier, j'entends un amour immodéré
peut-être pour les écus.

Veuf, il avait pour société sa fille Marthe,
une belle créature avenante aux pauvres, sage
comme pas une, s'occupant de la maison en
personne entendue, un trésor que guignaient
déjà les prétendants. Car Marthe avait dix-huit
ans et, outre qu'elle possédait une chevelure
blonde admirable, des yeux d'une douceur
exquise et mille autres attraits, tout le monde

savait, à vingt lieues à la ronde, qu'elle serait riche un jour. Mais elle était profondément indifférente, la vaillante Bourguignonne, aux œillades brûlantes qui la guettaient le dimanche sous le porche de l'église, aussi bien qu'aux serrements de main passionnés des danseurs la ramenant, aux fêtes votives, auprès de son père qui ne lui refusait aucun des amusements honnêtes de son âge.

Autant vous le dire tout de suite : Marthe avait un brin d'amour au cœur. Oh! un brin seulement! Car il y avait infiniment d'innocence dans la façon dont elle aimait son cousin Thomas, lequel n'était pas d'ailleurs beaucoup plus entreprenant qu'elle. Pour un *rustique*, Thomas avait des goûts d'une certaine distinction. Il aimait la lecture et jouait de la flûte. C'était un rêveur très doux qui n'avait jamais déniché un nid, par amour des choses de la nature et qui cultivait des fleurs dans tous les petits coins du jardin. Cette aristocratie native du tempérament avait plu à la jeune fille. Mais le père Bernard trouvait son neveu effroyablement bêbête et comme, de plus, les parents dudit Thomas avaient scrupuleusement omis de lui laisser la moindre fortune, il n'y avait aucune chance que les deux cousins fussent jamais unis par les nœuds sacrés du mariage. Tous deux le savaient bien; mais comme on désespère malaisément dans la jeunesse, ils continuaient à vivre résignés dans le rêve impossible, se donnant l'un à l'autre les milles petites joies permises entre parents, trouvant des douceurs infinies à un tas de riens, comme le font volontiers les vrais amoureux. Qui dira ce que vaut un serrement de main furtif dans un bosquet plein d'ombre, l'effleurement des cheveux par une bouche qui soupire, une fleur tombée d'un corsage et ramassée en tremblant, un air évoquant une tendresse muette? Raille qui voudra ces charmantes choses! Malheureux celui qui n'en a jamais vécu. Car ces puérilités charmantes me font toujours penser aux jolis vers de Sully-Prud'homme :

> Ce sont les plus petites choses
> Qui témoignent le plus d'amour.

Donc Marthe et Thomas vivaient à côté l'un de l'autre, n'osant penser à un avenir qui n'était pas fait pour leur commune tendresse et cependant heureux à demi, heureux de ne pas être, au moins, séparés dans le présent.

Or, un matin que Marthe rentrait de la basse-cour où le printemps avait réveillé le gloussement des jeunes couvées, le père Bernard vint à elle, moitié riant, moitié en colère. Il tenait trois lettres à la main, trois lettres que le facteur venait d'apporter, trois lettres composant tout le courrier du moulin, car il y avait un peu de chômage, les blés étrangers faisant une rude concurrence à notre blé français. Comme s'ils pouvaient faire d'aussi bon pain !

— Tiens ! lis donc, fillette ! dit le meunier à Marthe.

Et celle-ci, parcourant successivement les trois feuilles de papier, demeura toute surprise, avec un petit air fâché.

La première disait : « Monsieur Bernard, j'aime Mlle Marthe et j'ai l'honneur de vous demander sa main. Je viendrai ce soir même à neuf heures prendre votre réponse. »

La seconde était ainsi conçue : « Monsieur le meunier, j'adore votre fille et brûle d'être son époux. Ce soir même, à neuf heures et demie, j'aurai le plaisir de venir vous demander votre consentement. »

Et la troisième s'exprimait comme il suit : « Le soussigné, amoureux fou de Mlle Bernard, en fait respectueusement part à son père. Ce soir même, dix heures sonnant, il se présentera pour savoir s'il est agréé comme fiancé. »

Chacun de ces billets était signé : celui-ci « JEAN », celui-là « MARTIN » et le dernier

« Jacques », avec les noms de famille à la suite, s'il vous plaît, trois noms de notables du voisinage, de jeunes gens ayant du bien tous les trois.

— Voilà une bien mauvaise plaisanterie, fit Marthe en haussant les épaules et en jetant un regard rassurant vers le pauvre Thomas qui, blanc comme un linge, tremblait comme une feuille.

— Si c'est une farce, grommela Bernard, le premier de ces gaillards qui se présentera sera reçu de façon à éviter aux deux autres leur visite. Allons, viens donc me donner un coup de main, feignant !

Et, en se parlant à lui-même, comme c'est l'usage du paysan qu'une idée obsède, il emmena Thomas qui aurait mieux aimé demeurer là auprès de sa cousine qui lui semblait plus charmante que jamais.

Et maintenant vous ne serez pas fâchés, j'imagine, de connaître le triple mot de cette énigme épistolaire.

Sachez donc que Jean Monnereux, Martin Bondois et Jacques Moulinot étaient trois bons camarades qui, tout en causant, un soir, s'étaient conté les uns aux autres qu'ils trouvaient tous trois la fille de M. Bernard à leur goût. La discrétion n'est pas le fait des amoureux de campagne. Ce trio de confidences avait d'abord créé une certaine gêne. Tous trois aimaient pour le bon motif s'entend. Tous trois, par leur situation de fortune, pouvaient aussi également prétendre à la main de la fille du meunier. Ils commencèrent à s'observer dans leurs moindres démarches, à se tendre de petits pièges, à s'espionner misérablement, à dire sournoisement du mal, celui-ci de celui-là et celui-là de celui-ci. Jacques qui était un cœur d'or souffrit beaucoup de cette longue amitié rompue et, las de ces hypocrisies, réunit ses compagnons.

— Nous finirons par nous fâcher, leur dit-il, et ce sera grand dommage, après nous être aimés comme des frères toute notre jeunesse. Ecrivons tous trois à M. Bernard pour lui faire part de notre désir. Allons tous trois, à quelques instants de distance, chercher sa réponse. Tant mieux pour celui que Mlle Marthe aura choisi ! Jurons-nous de ne lui en pas vouloir et serrons-nous la main comme au bon temps.

Martin alla quérir trois feuilles de papier à lettre et vous connaissez maintenant le secret des trois lettres reçues par le meunier.

Comme vous l'avez pu remarquer, Jean devait affronter le premier le feu. Ainsi l'avait voulu le hasard. Car, consciencieux jusqu'au bout dans ses désirs d'apaisement, le bon Jacques avait exigé qu'on tirât au sort l'ordre dans lequel on se présenterait au père Bernard. Jean avait obtenu le numéro un à cette loterie et ne s'en félicitait pas autrement. Car il était évident que, si le meunier prenait mal la chose, c'est le premier arrivant qui aurait à supporter le poids de sa mauvaise humeur et, pour brave homme qu'il fût et honnête dans son négoce, le meunier n'en avait pas moins le poing leste, — leste et lourd à la fois.

Il faisait précisément une nuit sans lune, une nuit tiède très parfumée d'aubépines, mais dont les étoiles, très enfoncées dans les jardins obscurs du ciel, ne laissaient tomber qu'une clarté mouvante et vague, une façon de buée d'argent qui flottait dans l'air sans s'arrêter aux formes des choses et les enveloppant, au contraire, d'une lumière de rêverie. Les massifs de verdure qui entouraient le moulin faisaient une masse opaque, imposante, moutonnante à l'horizon avec un frisson de feuillages que le vent du soir effleure du bout de son aile. Jean n'était pas fort rassuré. Les craquements du pont sous ses pas, quand il traversa la petite rivière, lui parurent d'autant plus sinistres que l'ombre des peupliers enserrait d'une obscurité presque absolue l'eau noire dont on apercevait à peine les franges d'écume

Quand il fut de l'autre côté, il s'arrêta pour s'éponger le front et s'assit un instant sur une pierre mousseuse. Ce repos lui fut mauvais conseiller. Car une idée méchante et déloyale l'occupa tout entier. S'il empêchait, pensa-t-il, ses concurrents de parvenir jusqu'au moulin à l'heure dite ? Il aurait bien plus de temps pour plaider sa propre cause et ce seraient ses deux rivaux qui auraient eu l'air de faire une mauvaise plaisanterie au meunier !... Mais comment ? Rien de plus simple ! Retirer les deux planches qui assuraient la continuité du pont et en rejoignaient les deux extrémités solides. Dans cette ombre où l'on s'aventurait presque à tâtons, il était impossible de voir l'abîme ainsi ouvert. Le malheureux Martin et le pauvre Jacques, qui connaissaient la route de mémoire, ne pouvaient manquer de faire là un admirable plongeon. Dix pieds d'eau au moins ! Tous deux savaient nager et il n'y avait aucun danger pour leur vie. Il était certain d'ailleurs qu'ils n'oseraient jamais se présenter chez leur future à la sortie de ce bain et pareils à des chiens mouillés qui éclaboussent tout autour d'eux.

Après s'être avoué que ce plan était un peu canaille, puis s'être répété que l'amour excusait tout dans ce monde, ce qui le rend plus redoutable à ceux qui n'en ont pas les plaisirs qu'à ceux mêmes qui y trouvent de sublimes consolations, Jean mit résolument son projet à exécution. Il tira à lui les deux planches sur la rive et, sans perdre une minute de plus — car neuf heures sonnaient au plus voisin clocher, — il prit la route du moulin et sonna, le cœur battant très fort et sans aucun remords dans l'âme, ce qui indique une nature bien récalcitrante aux saints aiguillons de la conscience.

— Ah! vous voilà, monsieur le mauvais plaisant, lui dit M. Bernard qui l'attendait debout, après avoir renvoyé Marthe dans sa chambre, au cas où tout cela finirait par quelque altercation pénible pour une jeune fille.

— Pourquoi me parlez-vous ainsi, meunier? demanda Jean de l'air le plus naturel du monde.

— C'est un pari que vous avez fait, n'est-ce pas?

— Quel pari, monsieur Bernard?

— Eh bien! avec vos inséparables, Martin et Jacques, vos jolis camarades.

— Je me demande ce que mes amis Martin et Jacques viennent faire dans votre discours.

— Comment! vous ne savez pas qu'ils vont venir aussi tout à l'heure?

— Je ne puis croire, un seul instant, qu'ils me veuillent faire ce mauvais tour.

— Je vous dis que Martin s'est annoncé pour neuf heures et demie et Jacques pour dix heures, tous deux pour me demander la même chose que vous!

— C'est une pure infamie! s'écria Jean. Une

inqualifiable trahison ! Parce qu'ils ont appris que j'aimais vraiment Mlle Marthe et parce qu'ils sont jaloux de mon bien ! Ecoutez-moi, monsieur Bernard, s'ils venaient aux heures indiquées, je vous permets de croire que je suis complice. Mais s'ils n'arrivent pas comme ils l'ont dit, vous verrez bien que ce sont des mystificateurs qui de moi se sont moqués aussi bien que de vous et qui n'aiment nullement votre fille.

— C'est plausible, dit le père Bernard. Causons en attendant.

C'est bien ce que voulait Jean. Et le madré compagnon commença à énumérer complaisamment les biens qu'il avait au soleil, tandis que la figure de son interlocuteur se colorait des tons rassurants de la bienveillance.

— Floc ! entendit Jean qui avait gardé l'oreille tendue du côté du pont.

Une minute après sonnait la demie. Tout à fait rassuré sur le sort de Martin, le drôle

8.

poursuivit la nomenclature des avantages dont l'avait doué la fortune, et le père Bernard commençait à penser que ce gendre-là pourrait bien être celui qu'il avait toujours rêvé. Une demi-heure bien employée et qui lui avait fait gagner du terrain.

— Floc! entendit-il une seconde fois toujours du même côté. C'était Jacques qui piquait une tête.

En effet, dix heures tintèrent presque immédiatement. Le meunier regarda sa montre pour bien s'assurer de la chose.

— Vous avez raison, fit-il en la remettant dans son gousset. Ils ne sont venus ni l'un ni l'autre. Ce sont eux seulement qui sont de mauvais plaisants et je m'en souviendrai. En attendant, je trouve que vous gagnez beaucoup à être connu, et, ma foi, topez-la! C'est entendu!

— Mais Mlle Marthe, approuvera-t-elle?... balbutia Jean à qui la joie troublait l'esprit.

— Ma fille fait ce que je veux ! Topez-la, vous dis-je, mon gendre ! Holà, Thomas ! une bouteille et du meilleur. Je te présente le mari de la cousine.

Thomas, qui était entré à l'appel de M. Bernard, faillit s'évanouir. Il se perdit dans la cave et remonta une bouteille d'excellent vinaigre à l'estragon.

— Imbécile ! fit le meunier. Et il descendit lui-même.

On trinqua, quand je dis on, le père Bernard et Jean Monnereux. Car Thomas refusa absolument d'approcher son verre des leurs.

— Comme tu voudras, mon garçon ! avait dit le maître.

Jean était positivement fou de bonheur. Quand le meunier l'eut embrassé en l'appelant son fils — car le père Bernard avait le bon vin tendre — il sortit à reculons, sans savoir ce qu'il faisait. Une fois dehors, incapable de se contenir, il se mit à sauter de joie et à gambader comme un enfant. C'est ainsi, et en faisant des cabrioles, qu'il parvint à l'entrée du pont, ayant tout oublié et, en particulier, qu'il en avait retiré les planches une heure auparavant.

Salut, demeure chaste et pure !

chanta-t-il en se retournant une dernière fois vers la chère maison qui allait devenir la sienne. Et il s'engagea résolument au-dessus de la rivière.

— Floc ! fit-il à son tour, en se souvenant trop tard.

L'eau était un peu froide. Jean rentra chez lui avec un frisson. Le lendemain il avait une pleurésie. Son mal fut grave, car il le retint deux mois au lit, soigné fraternellement par cet excellent Jacques qui, non plus que Martin, n'avait soupçonné l'auteur volontaire de ce triple accident.

Quand il fut rétabli, il courut au moulin. Le

père Bernard pleura de joie en le revoyant et lui tendant les deux mains :

— Mon brave ami, lui dit-il, ma fille se marie dans huit jours. Elle épouse son cousin Thomas à qui un parrain a laissé une vraie fortune. Que voulez-vous ? Ces enfants s'aimaient et l'amour, dans la vie, c'est tout ! Voulez-vous être garçon d'honneur ?

— Grand merci ! fit Jean atterré.

Moi, j'estime que sa déconvenue était la mieux méritée du monde. Ainsi en advienne à tous ceux qui ne se préoccupent pas d'être loyaux avant tout. Car la franchise est une vertu française et qui pousse, comme notre vigne, du sol maternel de la Patrie !

PITONNET

I

Quel brouhaha dans le jardin public enfermé par un carré de platanes et que la fête foraine emplissait de ses baraques bruyantes et de ses tentes bariolées ! Tout autour, l'austère paysage du Dauphiné crénelant le ciel de ses pics aux pentes lactées et roulant ses fleuves, comme des fils d'argent, parmi les sombres verdures ; là, dans ce coin de cité dominé par les flèches jaunies de ses églises, un remue-ménage de fourmilière, un entassement d'hommes affairés par le plaisir.

Aucun n'y manquait de ces fils de la bohème dramatique et de la bohême marchande qui courent, six mois durant, les grandes places, montrant des spectacles à bon marché et vendant cher des rebuts de magasins. Charlatans, montreurs de bêtes, acrobates, étaient à leur poste, faisant des professions de foi comme de vulgaires députés, criant dans des porte-voix, annonçant des merveilles, prenan* le public qui sort à témoin des joies qui attendent le public qui entre, faisant leur métier en conscience et « guaignant cahin, caha, leur paouvre et chestive vie », comme disait le bon Rabelais des saltimbanques de son temps.

Les parades allaient donc bon train, scandées par les colères de la grosse caisse. Un dentiste en plein vent témoignait un bagout digne d'un homme politique. Quelle faconde! Et les péroraisons heureuses ne lui faisaient jamais défaut : témoin celle-ci adressée à un naïf paysan qui venait de se faire extirper une molaire:

— Et maintenant, mon ami, tu peux mettre ta dent dans ton sabot ; elle te fera plutôt mal au pied qu'à la bouche.

A côté, une géante faisait remarquer aux militaires que, « bien que pesant le poids énorme de 150 kilos, elle était admirablement proportionnée », et en proposait pour preuve un mollet dont la Diane de Gabies n'aurait vraisemblablement voulu. Plus loin, des marionnettes donnaient, de l'enfer, une réduction pavée, — non pas de bonnes intentions, — mais de velléités satiriques ; puis une ménagerie répandait l'odeur chaude et fade de ses fauves parmi l'haleine des beignets frits en plein vent, et les derniers souffles de la canicule.

De toutes ces baraques, la plus petite, mais la plus achalandée, était certainement celle des lutteurs, sous la direction de l'incomparable M. Albus, dit « le rempart de l'Isère. »

II

Je donnerais, je l'avoue, toutes les comédies

de feu de Jouy, toutes les tragédies de feu Ponsard, et beaucoup d'autres œuvres encore qui se sont cependant jouées sur nos premières scènes pour une belle lutte à main plate. Mais ils sont rares aujourd'hui, ces combats de Titans dont les Arpin, les Marseille, les Cretz, les Rabassou, furent, salle Montesquieu, puis aux arènes Lepelletier, les derniers champions. Dans le midi provençal même, à Toulouse la Romaine aussi, on n'ose plus guère vous annoncer que des luttes de « demi-hommes ». Parfois, cependant, il arrive qu'un gaillard bien musclé veut se mesurer avec un lutteur de profession qui, lui-même, plus ou moins ravi de cette dangereuse aubaine, est obligé de mettre à vaincre tout son zèle et toute sa vigueur.

Alors c'est un spectacle vraiment admirable et olympique, au lieu du banal assaut que se donnent régulièrement ces messieurs, entre compères, et dont tous les coups ont été répé-

tés en scène comme les tableaux d'une féerie.
Le véritable amateur de ce noble et antique
jeu attend des journées entières, devant le
tas de sciure de bois ou de sable fin où se roulent les combattants, cet athlète imprévu, sincère, improvisé qui, du dehors, demande un
caleçon comme les chevaliers d'autrefois réclamaient une armure. Il applaudit à son entrée
insolente ; il fait des vœux pour sa gloire et
plaint sa défaite. Mais il arrive souvent que ce
Messie du véritable amateur de lutte ne vient
pas et que des journées entières s'écoulent
sans amener sur le tas de sciure ou de sable
fin cet adversaire loyal et audacieux.

III

C'était le cas, et j'aurais estimé que j'avais
perdu absolument mon temps, si je n'avais
pris un certain plaisir aux exercices de force

de l'incomparable M. Albus. Ce directeur-acteur tirait, d'une musculature d'ailleurs superbe, un parti vraiment plastique et pittoresque. C'est avec une aisance admirable qu'il jonglait avec des poids de quarante livres et qu'il élevait à bras tendu, au-dessus de sa tête stupide, une haltère de quatre-vingts kilos. Il terminait ce travail en balançant la masse énorme, en la lançant en l'air et en la recevant, sans fléchir, au bout de l'autre bras. J'ai vu la même passe de main exécutée avec les mêmes poids, mais jamais avec la même élégance facile.

Un autre spectateur suivait avec bien autrement de passion que moi les péripéties de ce jeu athlétique. Je le remarquais depuis plusieurs séances, et son attention semblait confiner à la fièvre, tant son être tout entier y paraissait ardent et concentré. Cette impression grandissait visiblement avec le temps, et il en était venu à s'agiter comme mu par quelque désir fou. C'était un soldat du génie portant les galons de premier soldat, à la figure intelligente et douce, de taille moyenne, mais bien pris, blond, avec une moustache d'adolescent.

M. Albus avait achevé l'ascension et le changement de bras de l'haltère monstre, et, en laissant choir à terre lourdement la masse au double boulet, il venait de jeter « à tous les hommes forts » le défi traditionnel.

Alors, le petit soldat n'y tint plus. Se dégageant, par un mouvement rapide, de sa veste noire à passepoils rouges, retroussant sa chemise de grosse toile au-dessus d'un biceps nerveux, il descendit dans l'arène, rougissant comme une fille, avec je ne sais quelle fierté vague pourtant qui était éclat dans ses yeux et sourire sur sa bouche.

— Nom de nom ! Pitonnet est fou ! dit à côté de moi un de ses camarades de régiment.

— Le colonel a expressément défendu de

tirer et de lutter dans les baraques, ajouta un autre.

— Il va se faire casser, au moment de passer caporal !

— Allons donc ! casser ? Il va avoir ses quinze jours de prison.

— S'il est possible ! avec de si bonnes notes !

— L'adjudant est là, et l'a vu ! Il est pincé.

Pendant ce dialogue, Pitonnet faisait de vains efforts pour élever l'haltère au-dessus de son épaule, courbant son bras dans une furieuse contorsion, de façon à l'appuyer sur sa hanche, se penchant, pour faire contre-poids, de façon à se dévier les reins, suant et succombant sous le fardeau trop lourd, sans pouvoir, dans un suprême raidissement, le mettre en place dans la paume dressée de la main.

— Hardi ! criait-on d'un côté.

— Assez ! hurlait-on de l'autre.

— Jeune homme, vous allez vous blesser. Mais c'est très bien et vous arriverez, conclut paternellement l'incomparable M. Albus.

Pitonnet, vaincu, laissa retomber l'haltère...
Il pleurait.

IV

Mais il resta là, — comme moi. — Il resta sans remettre sa veste, et, trois quarts d'heure après, une nouvelle séance s'achevant, il se présenta de nouveau pour mériter les cent francs que le maître de céans promettait à la personne « capable de le rivaliser ». L'épreuve fut plus longue, mais demeura également sans conclusion.

— Ce n'est pas quinze jours de clou, mais un mois qu'il aura! disaient ses camarades désolés, car je dois à la vérité de dire que Pitonnet paraissait adoré dans sa compagnie.

Et cela recommença à la séance suivante et encore à la séance d'après.

A celle-là, c'est d'un air plus résolu encore que l'obstiné sapeur descendit dans le cercle étroit où M. Albus venait d'opérer avec plus d'aisance que jamais. Lentement et avec une gravité singulière, il mit du sable dans sa main trempée de sueur, pour empêcher le fer d'y glisser ; puis il mesura méthodiquement l'écartement qu'il devait donner à ses pieds pour avoir la meilleure assiette ; enfin, il orienta l'haltère dans un sens déterminé, de façon à pouvoir la saisir sans se tordre le poignet.

Puis il regarda devant lui, se posa, se baissa, appréhenda la massive poignée, fit monter les deux boulets à la hauteur de son aine, se courba violemment en arrière, de façon à s'arc-bouter sur les reins, et tendit son bras en élevant sa main chargée dans un effort désespéré. Telles étaient l'expression de tout son être et l'intensité visible de sa volonté que le public tout entier haletait avec lui et qu'un cri d'enthousiasme sortit de toutes les poitrines quand, cette fois-là, touchant enfin au but, il parvint à dresser la double masse au bout de son bras vertical et frémissant.

Alors, faisant un demi-tour, l'haltère toujours suspendue au-dessus de sa tête, je vis que son regard triomphant cherchait quelqu'un, et que ce quelqu'un était la femme en maillot pailleté, en court jupon de velours fané, qui faisait la recette à la porte pendant la sortie, et, pendant la séance, nonchalante et ennuyée, suivait les exercices, l'épaule appuyée contre un des portants soutenant la toile, et ses deux jambes chaussées de cothurnes légèrement croisés aux chevilles. Je l'avais remarquée moi-même, depuis le commencement de la fête, cette fille brune, aux yeux d'un gris bleuâtre, à la bouche sensuelle, aux cheveux crespelés de bohémienne et qui, sans être jolie, avait je ne sais quoi

9.

d'étrange et d'attirant dans sa sauvage beauté.

— Assez! assez! criait-on de tous côtés.

— Assez! criait M. Albus lui-même.

Et le petit soldat s'obstinait dans son héroïque pose, apoplectique et tremblant de tout le corps.

Alors le pitre de la baraque, un affreux queue-rouge qui puait le vin et qui continuait la parade au dehors pour faire patienter le public, profitant de l'attention générale, passa sa tête entre deux toiles et tendit un long regard de bête vers la femme en maillot pailleté, en jupon court de velours fané.

Et celle-ci, portant rapidement ses doigts à sa bouche, lui envoya un baiser.

— Ah! mon Dieu!

Une rumeur horrible! Des cris déchirants! Un tumulte indescriptible.

Tout le public descendu dans l'arène et s'agitant, avec des pantomimes d'horreur, autour d'une masse vivante convulsivement remuée, comme par une agonie, sous un inerte morceau de fer.

A la vue de ce baiser de la saltimbanque au pitre, le petit soldat avait ouvert sa main, détendu son bras chargé et lâché volontairement le poids énorme qui, lui ouvrant la tête et lui brisant les reins, l'avait jeté pantelant, sanglant, inanimé, sur le sable déjà rouge où ses membres rompus se débattaient encore.

C'est ainsi que le sapeur Pitonnet évita le mois de clou que lui avaient prédit ses camarades.

— En voilà un imbécile qui veut faire des choses qu'il ne sait pas ! dit en façon d'oraison funèbre la femme en maillot pailleté.

— J'ai bien failli perdre mes cent francs, remarqua philosophiquement l'incomparable M. Albus.

LA POURSUITE

Paris, l'hiver, est adorable par un temps sec.

Quel air de fête partout, quand un frisson de gelée matinale amène quelques heures de soleil!

Sur l'asphalte rapidement séché, les pieds sonnent comme une musique triomphale.

Les épaules des femmes ont des reniflements de volupté sous la fourrure ébouriffée comme les plumes des moineaux qui boivent la lumière tiède, le ventre dans le sable des squares.

C'est dans l'air que les cochers font claquer leur fouet, et les invalides louchent avec délices, pour réjouir leurs yeux du vermillon de leur nez.

Et quand l'ombre vient, plus subite encore que de coutume, mais enveloppée d'un rose linceul par le rayonnement du couchant dans les brouillards, une double constellation s'allume: aux cieux, dont l'azur sombre apparaît dégagé des terrestres vapeurs; dans les rues, où le clignotement du gaz simule une nuée de petites étoiles.

C'est par un soir pareil, — il était six heures trois quarts environ, — elle suivait fiévreusement le boulevard, côté gauche, dans le sens de la rue de la Paix à la Madeleine.

L'air prodigieusement distrait, d'un pas inégal, tantôt lent, tantôt rapide, elle marchait, ayant à peine un regard pour les boutiques fraîchement illuminées.

Elle se promenait, quoi ! Une petite mine très fière avec des traits qui, sans être précisément réguliers, avaient leur harmonie ou, mieux, leur saveur ; une tournure élégante, mais n'excluant pas les rondeur aimables auxquelles s'attarde volontiers la paresse des gens de goût.

Un aspect décidé de petite femme s'appuyant sur toutes les régularités bourgeoises de la vie.

A quoi pensait-elle ? Où allait-elle ? Ta, ta, ta, ta, ! vous êtes fort curieux ! et si je vous disais de quitter votre moelleux fauteuil et le coin de votre feu pour le venir apprendre, vous eriez une belle grimace. Apprenez-le donc sans vous déranger.

Elle pensait que son mari était un monstre et elle ne savait pas où elle allait.

Oui ! une querelle après dix-huit mois de ménage ! le refus catégorique d'un bijou très désiré. Monsieur mangeait certainement son argent avec des maîtresses ! Il s'en était défendu avec trop d'indignation pour que ce ne fût certain.

Et voilà comment se payait l'honnêteté d'une personne qui lui avait tout donné, elle pouvait bien le dire ! Elle lui avait sacrifié tout, à cet ingrat, jusqu'à la société de sa propre mère, qui, étant sourde comme un pot, n'était pas bien gênante, pourtant.

Elle était sortie furieuse et ne rentrerait certainement pas pour dîner. Nous devinerions la mine qu'il ferait seul, en tête à tête avec un poulet, lui qui détestait ce comestible, et n'en mangeait que par politesse ! et puis la vengeance ! la loi du talion ! les amoureux à venir ! elle était bien sûre de plaire !

Et, comme pour s'en mieux assurer, elle jetait un regard oblique sur une de ces glaces qui bordent les devantures élégantes, elle put se convaincre qu'un monsieur, bien enfoncé dans son paletot, lui marchait de fort près sur les talons.

Cela ne lui plut pas longtemps. Ce monsieur avait assez le costume d'un homme comme il faut. Mais il continuait à marcher derrière elle avec une insistance frisant vraiment l'indiscrétion.

Que diable ! on regarde un peu à qui l'on a affaire. Oui, dans l'avenir, elle aurait certainement des amoureux ; mais ce n'est pas dans la rue qu'elle en prendrait : il y passe indubitablement des gens très bien, mais une femme du monde n'écoute qu'un homme qui lui a été présenté.

Ah ! mais, il devenait très ennuyeux, ce monsieur !

Est-ce qu'il la prenait pour une drôlesse ? Si elle le priait tout simplement, d'un petit ton sec et digne, de passer son chemin ?

Mais non ! rien n'est pis en pareil cas que

d'engager la première la conversation. S'il allait avoir de l'esprit et la faire rire en lui répondant.

Elle serait désarmée de sa majesté et ce serait du propre !

Comme elle touchait la rue Royale, il ne lui fallut pas faire un bien grand mouvement de tête pour s'apercevoir qu'il la tournait aussi. Oh ! c'était trop fort à la fin ! Elle prendrait la première voiture venue ; et, s'arrêtant, elle se mit à faire des signes à tous les cochers. Or, il y en avait à miracle ; car cette belle journée avait amené beaucoup de promeneurs au bois, et une file d'automédons sous une forêt de fouets défilait au petit pas, tous allant dans le même sens, celui du retour, et remplissait la chaussée, comme un fleuve emplit son lit, si bien qu'aucun piéton ne la pouvait traverser, et que force était à ceux-ci d'attendre en maugréant, qu'il n'y ait plus d'eau dans cette rivière pour la passer à pied sec et aller à leurs affaires.

Un dodelinement général de tête répondit à ses signes de détresse. Tous les cochers étaient en service régulier et toutes les voitures pleines.

Cependant son persécuteur s'était arrêté aussi au même angle de la rue Saint-Honoré et de la rue Royale.

Là, côte à côte avec elle.

Lui non plus ne pouvait pas passer outre, l'encombrement faisant angle en cet endroit et lui fournissant un excellent prétexte pour y rester aussi longtemps qu'elle. Et elle sentait positivement le souffle de cet inconnu dans son cou, un souffle parfumé, d'ailleurs, par d'excellents cigares.

Et pas moyen de le gifler !

Il fallait prendre un parti. Continuer vers l'obélisque ; ou tourner à gauche, ou tourner à droite, résolûment, en courant, pour ne pas attendre un nouveau macaroni de fiacres.

Lui aussi s'engagea, sans hésiter, dans le sillon qu'elle avait ouvert, et, profitant cyniquement du chemin qu'elle lui avait fait, il arriva presque en même temps sur le même trottoir. Et toujours pas un mot! pas une impertinence permettant de le confier au premier sergent de ville du coin!

Et si ce n'était pas un amoureux ? Un malfaiteur, peut-être? Pourquoi pas ?

Les hommes sont mal mis, mais les chefs de bande ont quelquefois des vêtements très cossus... Pour ce qu'il leur coûtent, ils auraient vraiment tort d'y regarder!

Ce monsieur avait toujours les deux mains dans ses larges poches doublées de loutre. C'est là que les assassins ont coutume de cacher leur couteau-poignard ou leur revolver.

Car maintenant ils ont des revolvers aussi, comme les honnêtes gens, et, si la police continue à les laisser faire, ils arriveront bientôt, devant les maisons qu'ils veulent dévaliser, avec des batteries montées et un peu d'artillerie de siège.

C'est tout de même dégoûtant de payer des impôts, même pour les chiens, quand on n'est pas mieux protégé soi-même par le gouvernement qui les empoche !

Cet homme avait le cou trop enfoncé dans son col de fourrure, pour ne pas chercher à dissimuler quelque signe qui le ferait immédiatement reconnaître par de vieux limiers, — un cheval de retour certainement. Quelque condamné à mort déjà gracié deux fois par le Président de la République.

Encore une aimable attention que celle de restituer tous les coquins à la circulation !

Ce n'est vraiment pas la peine d'écumer le pot-au-feu pour y remettre ensuite tout ce qui est resté sur l'écumoir !

Il avait essayé, tout à l'heure, en profitant

d'une rencontre sur le trottoir, plus de doute !
Un meurtrier, peut-être, un pick-pocket, certainement ! Mais impossible de crier au secours, avant qu'il ait rien fait : comme c'est logique ! Il serait bien temps après ! Et cependant le danger devenait imminent.

Le haut du faubourg Saint-Honoré est presque désert à cette heure. C'est là qu'il l'attendait.

Ah ! il fallait en finir ! Demander asile à n'importe qui ! Et brusquement, se précipitant sous la première porte cochère venue, elle gagna l'escalier sans rien demander au concierge, et monta.

Derrière elle, le monsieur fit exactement les mêmes choses.

※

Alors, complètement affolée, elle s'arrêta au premier et y donna un grand coup de sonnette. Le domestique qui vint ouvrir n'eut point le temps de lui demander son nom ; elle avait traversé le vestibule comme une flèche.

Mais, en se retournant, afin de s'assurer si elle était enfin à l'abri des atteintes de son bourreau, elle vit avec stupéfaction celui-ci jetant son lourd pardessus entre les mains du laquais galonné.

Pour le coup, c'était trop d'audace ! Elle tourna furieusement le bouton d'une nouvelle porte et se trouva dans un petit salon fort bien tenu, où une dame, dans un déshabillé du meilleur goût, lisait au coin de la cheminée.

Celle-ci leva les yeux, et comme elle s'apprêtait à lui demander asile avec les gestes d'une suppliante antique, le monsieur entra de l'air le plus naturel du monde.

— Ma chère amie, fit-il d'un ton qui sentait son homme de la meilleure compagnie à la dame en déshabillé du meilleur goût, faites-moi le plaisir de me présenter à madame.

— Mon mari, madame, fit celle-ci en s'inclinant avec infiniment de politesse.

Et c'était vrai.

Et tout, vraiment, en dépit des apparences, s'était passé dans l'imagination de la petite dame à l'air prodigieusement distrait.

Le hasard avait voulu qu'elle prît le chemin que ce monsieur devait suivre pour rentrer naturellement chez lui.

C'est par politesse que, dans l'encombrement du trottoir, il était demeuré constamment derrière elle, hâtant le pas en même temps qu'elle, parce qu'il était en retard pour dîner, le ralentissant quand les mêmes obstacles les arrêtaient tous deux.

Le même hasard plus ingénieux, je l'avoue, l'avait conduite juste sous le toit de cet homme de bien.

Le cœur des femmes est un insondable mystère. La promeneuse égarée s'excusa gentiment en racontant sa quasi-aventure qui l'avait guérie... des aventures.

Elle courut chez elle, où elle arriva fort heureusement avec assez peu de retard pour que son mari, homme d'esprit, ne le lui reprochât point ; d'autant plus qu'elle en reprit possession avec un baiser.

Un mari est, après tout, le meilleur compagnon dans la vie.

LE FANTOME

I

Vous plaît-il de me suivre aujourd'hui sous le beau ciel d'Espagne? C'est un voyage qui n'a rien que de fort tentant à une époque de l'année où notre propre firmament est plus souvent traversé de pluie qu'inondé de rayons de soleil. Car l'automne est venu qui disperse en feuilles mortes la splendeur des frondaisons et fait silencieux les bois qu'emplissait la chanson des oiseaux. Les jours moroses sont venus dont l'aurore et le couchant embrunis semblent se rapprocher l'un de l'autre, comme les deux ailes d'une même nuit. Mais là-bas, où je vous veux conduire, le temps des roses n'est pas fini, et tout sourit encore dans la nature ensoleillée. N'alléguez pas la longueur du chemin, nous sommes arrivés déjà. Car c'est ainsi que se font les promenades de la pensée, lesquelles sont les plus économiques que je sache, et les moins fécondes en périls.

Nous voici à Vittoria, une petite ville charmante où vous vous arrêterez comme moi, avec plaisir. La nuit est la plus belle du monde, toute constellée d'étoiles, et c'est un charmant décor que celui de la grande place, dont la lune couvre le sol d'une nappe d'argent. Tout repose et nous apercevons seulement une lumière aux fenêtres de la maison du docteur Fleurantès, un des plus illustres praticiens du pays, et avec qui il faut que je vous fasse faire immédiatement connaissance.

Ce professeur émérite, et d'un âge respectable déjà, avait deux soucis qui empoisonnaient une vie faite d'ailleurs pour être heureuse. Car l'état de médecin est encore le plus beau de tous, puisqu'on y peut commettre

mille bévues sans encourir le moindre blâme
et qu'on y tue les gens sans avoir besoin d'en
rendre compte à personne. Mais il n'est pas de
bonheur parfait ici-bas. Le docteur Fleurantès
possédait une nièce dont l'établissement le
préoccupait beaucoup, et un jardin que les
mulots dévastaient, à sa grande désolation.
Aussi, savez-vous ce qu'il faisait derrière la
croisée où nous avons aperçu une clarté, à
cette heure avancée? Eh bien, il composait
dans le silence de son laboratoire — car il
exécutait les fonctions d'apothicaire avec celles
de docteur — un liquide vénéreux pour se
débarrasser des rongeurs dont ses plates-ban-
des étaient infestées, une solution de phosphore qui devait faire mourir dans les plus
horribles coliques, ses innombrables ennemis.
Et il prenait un plaisir méchant à pressentir
les souffrances abominables dont les infortunés
petits quadrupèdes lui seraient redevables.
Entre temps, il pensait aussi à sa nièce Peppa

à qui les prétendants ne manquaient pas, mais qui se montrait très difficile sur le choix d'un mari. Peut-être en avait-elle le droit ; car c'était une personne charmante, un peu fantasque, capricieuse, mais excellente au fond et de plus, jolie comme un cœur, ce qui n'a jamais gâté rien. Je ne vous laisserai pas ignorer plus longtemps le secret de résistance de Peppa à tous les partis que lui présentait son oncle. Elle aimait un sien cousin qui n'avait aucune fortune, s'était embarqué et avait juré de ne revenir que lorsqu'il pourrait demander sa main. Ce petit roman de fidélité à distance semblait une pure rêverie à M. Fleurantès qui était un homme positif et proposait successivement à la fantaisiste jeune fille les bourgeois les mieux apparentés de Vittoria, sans pouvoir jamais en faire agréer aucun.

En attendant, la maison était assiégée par un tas de jeunes guittaristes qui, suivant l'usage espagnol, venaient soupirer des sérénades sous les fenêtres de la plus jolie fille de l'endroit. Cette musique avait le don de mettre le docteur dans une colère épouvantable. Ces harmonieux soupirants étaient pour lui un continuel cauchemar. Il ne manquait jamais de leur donner la chasse avec d'autant plus d'ardeur que Peppa les écoutait avec plus de complaisance inquiétante, et que sa coquetterie était intérieurement flattée de ces sonores hommages. Vous connaissez maintenant comme moi, les préoccupations de l'excellent homme en train de composer une nouvelle mort aux rats.

II

Alors rien ne nous empêche de l'abandonner à ce joli travail pour courir à un autre coin de la ville, presque à l'extrémité du faubourg et dans le quartier que borde une belle allée de platanes se prolongeant fort avant dans la campagne. Là non plus, on ne dort pas. Un grand garçon de belle stature accorde sa mandoline et une jeune fille aux cheveux noirs pleure en le regardant. C'est José et Lotta. Qui, José ? un des plus habiles du pays à faire vibrer une chanson d'amour sous les fenêtres d'une belle, une façon de conquérant de petite ville fort content de soi et plein de vanité. Et Lotta? La fiancée de ce prétentieux personnage et qui l'aimait de tout son cœur, la pauvre et naïve enfant qu'elle était. C'est que José, à son orgueil de chanteur près, n'était pas un mauvais garçon. Mais voilà ! il avait de l'ambition en tête. Ne pourrait-il pas se faire aimer d'une demoiselle de plus haute naissance et mieux pourvue de dot que Lotta qui n'avait pour toute fortune que ses yeux brûlants comme du piment et son sourire pareil à l'épanouissement d'une fleur ! Il vaut mieux que je vous le dise tout de suite : José avait levé les yeux jusqu'à la belle Peppa, la nièce du docteur Fleurantès, et c'était dans l'intention d'aller soupirer quelque galant couplet sur son seuil, qu'il préparait l'instrument qui devait accompagner sa voix.

En vain Lotta l'avait supplié de ne lui pas faire cette peine. N'était-elle pas bien la femme qu'il lui fallait, elle qu'il connaissait depuis son enfance, qui avait toujours été sa camarade fidèle et qui n'avait jamais rêvé dans sa vie à quoi sa vie à lui ne fût associée? Pouvait-il être aussi heureux avec une autre? Elle lui avait dit tout cela de la plus touchante façon du monde, avec des sanglots dans la voix et de petites menaces désolées, qui eurent attendri tout autre que le présomptueux garçon.

— Tu sais, lui dit-elle, si tu continues à faire la cour à cette jeune fille, eh bien! je me tuerai.

José se contenta de hausser les épaules, tout en s'assurant que sa mandoline donnait bien

le *la*. Est-ce qu'il croyait au désespoir d'amour!
Il appartenait à l'aimable génération de sceptiques que l'Espagne possède aujourd'hui aussi bien que nous. George Sand a merveilleusement tracé, dans *Claudie*, cette silhouette de villageois qui ne croit à rien et regarde comme de petits esprits ceux qui se laissent aller aux mouvements de leur cœur. Et cependant la seule chance de bonheur ici-bas est bien dans cette faculté d'entraînement qui nous fait quelquefois bons malgré nous-mêmes et nous donne les belles joies de la conscience satisfaite. José était donc de ceux qui font profession de mépriser tout cela. En somme il n'était pas si mauvais qu'il le voulait bien imaginer lui-même. Car je vous jure que, s'il eût cru vraiment que Lotta se tuât pour lui, il se serait bien gardé de partir.

— Reste, je t'en prie! lui demanda une dernière fois la suppliante.

Il fit une pirouette sur ses talons, ajusta sa

guitare sur son dos d'un mouvement de main, et fila vers la maison du docteur Fleurantès sans en demander davantage.

Lotta, désolée, demeura songeuse et la tête entre ses deux mains.

III

Je vous ai dit qu'il faisait un temps superbe, une de ces nuits tièdes qui dans leurs voiles roulent des souffles embaumés. José se sentait plein d'un coupable courage, il lui semblait que Peppa lui avait souri au sortir de vêpres. Il savait qu'elle refusait tous les prétendants qui lui étaient amenés. Eh ! eh ! qui sait ? C'était bien peut-être pour lui qu'elle se montrait si malaisée avec les autres. Et l'amour n'emplissait pas seul le rêve de notre chanteur de sérénades. Le docteur avait du bien et certainement il laisserait ça un jour à Peppa qui était toute sa famille. Au lieu de mener, avec la pauvre Lotta, une vie de travail, il vivrait gentiment des rentes de sa femme et ferait grand train dans la petite ville où on l'aurait connu gueux comme un bohémien. Qui sait encore? il pourrait peut-être devenir alcade, lui José, lui qui avait mené des chèvres dans son enfance, quand Lotta et lui se tenaient par la main comme font les petits, et prenaient leurs goûters aux branches noires des mûriers sauvages. L'ingrat put oublier cette charmante idylle des premières années, laquelle eut dû lui sembler la meilleure image de la vie à venir! Ah! que le souci de la richesse rend les hommes méprisables quelquefois! Sur la route qu'il parcourait à grands pas, José voyait s'élever d'imaginaires châteaux dans la buée diamantée qui montait des prairies mondées de lune. Il était grand seigneur, et les chansons des cigales, aux deux côtés du chemin, lui semblaient l'hymne triomphal dont sa nouvelle fortune était célébrée. C'est dans cet ordre de pensées ambitieuses qu'il parvint jusqu'à la place où était la maison de l'oncle de Peppa et devant laquelle je vous ai conduits tout à l'heure. Faut-il vous dire toute la vérité? Eh bien! Peppa ne dormait pas. Elle adorait, elle, ces sérénades qui mettaient le docteur dans une si belle colère, n'y cherchait pas malice au moins. Simple coquetterie de jeune fille! Et quelle est donc celle qui n'est pas sensible à des vers où sont chantées ses louanges, surtout quand ces vers sont dits par une jolie voix; or j'ai dit que celle de José était fort agréable et n'en était pas à son coup d'essai musical. Sans en être pour cela moins fidèle au souvenir de son cousin, Peppa trouvait dans ces innocents hommages une distraction qui manquait à la vie un peu monotone qu'elle trouvait avec son savant oncle, qui était un remarquable chimiste, mais un bonhomme tout à fait ennuyeux.

Une fois à son poste, José préluda; il préluda très doucement et sur un motif mystérieux tout à fait en situation. Il n'aurait peut-être pas eu un sourire aussi vainqueur aux lèvres, s'il avait pu voir la grimace dont ses premiers accords crispèrent la figure de maître Fleurantès derrière sa croisée. Le docteur, sans rien dire, s'en alla jusqu'à la fontaine qui était au fond de son laboratoire et y remplit une terrine d'eau. Après quoi, ne pensant plus à la perpétration de son liquide phosphoré pour les mulots, il s'en revint se placer auprès de sa fenêtre.

A ce moment, José commençait son premier couplet, un couplet où il dépeignait sa flamme brûlante, un incendiaire couplet que Peppa entendait de sa chambre et qu'elle trouvait charmant.

— Animal! murmura le docteur, en crispant les poings quand le couplet fut fini. Si ma nièce ne dormait pas profondément, elle en entendrait vraiment de belles !

Toujours plein de sérénité, José promenait, une seconde fois, la plume légère le long de sa mandoline et commençait, un instant après, une seconde strophe plus passionnée encore que la première.

La patience du professeur Fleurantès était à bout. Quand ce second morceau fut fini, il ouvrit d'un coup de poing la fenêtre et vida brusquement dans la rue, dans le sens du chanteur, la terrine qu'il avait été remplir.

— Tiens ! fit-il, coquin ! voilà pour ta peine.

Un cri retentit sur la place, un cri qui glaça le docteur d'effroi.

Puis il pâlit et faillit se trouver mal. Dans sa précipitation furieuse, il s'était trompé ! Ce n'était pas de l'eau qu'il avait jetée par la fenêtre, mais le liquide phosphoré destiné à la mort des mulots ! Le malheureux qu'il avait atteint devait être horriblement brûlé ! Il avait commis, sans le vouloir, un assassinat ! Ce cri d'angoisse ! C'était bien çà ! la victime demandant vengeance ! Elle porterait plainte certainement contre cette indignité !... il serait traîné devant les tribunaux et condamné certainement. Aveugler un guitariste en Espagne. Et que resterait-il donc à ce charmant pays, sans cette poésie des sérénades qui y fait les nuits si belles ! Ce pauvre Fleurantès se sentit envahir d'un remords épouvantable, étreint par une invincible terreur. Ses jambes se dérobaient sous lui et il se réfugia dans la chambre de Peppa qui, elle aussi, faillit s'évanouir au récit de cet affreux accident.

IV

Vous croyez, n'est-ce pas, l'infortuné José brûlé par une malséante douche du docteur ?

Détrompez-vous. C'eût été justice, à mon avis, mais le royaume de la justice n'est pas

de ce monde. Ce n'était pas José qui avait reçu
cette dangereuse ondée. Qui alors, puisque
quelqu'un avait crié dans la nuit? Qui? La
malheureuse Lotta qui, n'y tenant plus, chassée de sa maison par le désespoir, s'étant mise
à la poursuite de l'infidèle, le rejoignait sur la
petite place, le cœur gonflé de reproches et les
yeux inondés de larmes, au moment même où
l'éminent Fleurantès se livrait à son hydrauli-
que fantaisie. Oui, mes enfants, c'était la pau-
vrette qui avait tout reçu. Mais je veux vous
rassurer bien vite et ne pas vous laisser croire
plus longtemps que la Providence ait pu aussi
parfaitement abandonner une personne si digne d'intérêt. La solution que le docteur Fleurantès était en train d'élaborer, n'était pas arrivée encore à son maximum de concumation.
Certes, la pauvre Lotta éprouva une vive pi-
qûre au visage en se sentant mouillée et c'est
la raison du cri qui lui était échappé. Mais la
liqueur n'était pas assez corrosive pour que

son nez, ses yeux et sa bouche eussent pu courir le moindre danger. Elle en avait été quitte, comme on dit, quitte pour la peur et aussi pour une démangeaison qui n'avait rien de fort agréable. Mais c'est ici que se place une conséquence tout à fait inattendue de cet accident et qui est le fond même de ce récit.

Vous connaissez tous la propriété dont jouit le phosphore d'être lumineux dans l'obscurité. Il n'est personne qui ne l'ait constatée, quelque nuit, en voyant à ses doigts la trace blanche et fumante des allumettes, et la lune avait disparu derrière un nuage et il faisait nuit noire. Le baptême qu'avait reçu Lotta eut le plus imprévu des effets. Il l'avait rendue phosphorescente et pareille à une vision fantastique, l'enveloppant d'une buée de clarté bleuâtre, la faisant semblable à un spectre dont un astre mystérieux eût éclairé les formes indécises et flottantes. Elle-même ne s'en apercevait pas complètement, ne pouvant voir son propre visage. La frayeur qu'elle avait eue la rendait d'ailleurs à peu près inconsciente de son nouvel état. Pendant que José détalait à son approche, sa guitare ballottante à ses reins, elle-même s'était sauvée et elle aussi avait repris le chemin du quartier qu'ils habitaient l'un et l'autre.

José y était toutefois arrivé longtemps avant elle. N'avait-il pas perdu la clef de sa maison, dans sa course précipitée ! Il était donc là devant sa porte, ne pouvant entrer et plein de réflexions tout à fait mélancoliques. Après tout c'était bien fait. Il avait été cruel avec Lotta et il était justement puni. Le remords montait lentement dans son esprit et il revenait sensiblement de ses illusions. Il renoncerait à chercher ainsi fortune amoureuse et il épouserait cette excellente Lotta qui était absolument la femme qui lui convenait. Il lui demanderait pardon, morbleu ! il ferait devant elle amende honorable ! Mais où était Lotta ? Quand elle était venue le surprendre sur la place, elle semblait avoir de sinistres projets et je ne sais quoi de fatal dans le regard !... il en avait été frappé... Ah! mon Dieu! aurait-elle mis à exécution sa terrible menace! Se serait-elle tuée, juste Ciel!

Et le pauvre José sentait une sueur froide inonder ses tempes à cette seule pensée. Je vous l'ai dit, il n'était pas mauvais au fond et l'idée d'avoir causé un pareil malheur était pour le précipiter lui-même dans quelque résolution désespérée. Qu'avait pu devenir Lotta? Comment ne rentrait-elle pas chez elle?... Le malheureux était atterré et faisait peine à voir. Et cette nuit dont un nuage semblait avoir emporté la lune et les étoiles, cette nuit épaisse et sombre où il se trouvait seul poursuivi par un abominable pressentiment !...

A ce moment une forme blanche, vaporeuse, comme nimbée d'une lumière doucement azurée, apparut au détour de la rue, se dirigeant vers lui. Son cœur battait à rompre sa poitrine. Il voulait appeler, mais sa voix mourait dans son gosier.

Lotta, c'était Lotta qui était devant lui!... non pas Lotta elle-même, mais son ombre, mais son spectre, mais son fantôme! Lotta qui s'était tuée et dont l'âme le venait accabler de reproches et briser de repentir. Et le spectre avançait toujours, silencieusement, comme un être surnaturel qui ne regarde rien autour de lui.

José sentit ses genoux ployer et, fou de treneur, ne pouvant fuir parce qu'il avait reculé jusque dans l'angle de sa porte, prit un courage désespéré pour courir au devant de l'apparition et lui demander grâce.

— Pardonne, Lotta! Pardonne! murmurait-il d'une voix suppliante et les mains jointes.

Lotta, — car c'était bien elle — dans sa robe de phosphore fumant, — Lotta qui ne le voyait pas dans son obscurité complète, était tout interdite en entendant cette voix désespérée sortir des ténèbres.

— Pardonne, Lotta! Pardonne! répétait la voix. Je n'épouserai que toi, si tu vis encore; et si tu es morte, je te suivrai dans le tombeau!

Et c'étaient des paroles sans fin d'amour et de regret. Il n'avait jamais aimé qu'elle! Il avait été un fou de courir après le cœur et la main d'une autre! Pauvre Lotta! Il ne savait pas lui-même à quel point il l'adorait! Il ne lui survivrait pas une heure!...

Lotta avait fini par reconnaître sa voix et, faut-il le dire, elle jouissait silencieusement de cette belle musique d'amour, autrement vraie et sincère que la plus belle sérénade. Elle écoutait avec ivresse ces mots passionnés et son nom répété sans cesse avec cet accent ému et pénétrant.

— C'est bien vrai, tout ce que tu me dis,

José ? finit-elle par murmurer d'une voix très douce.

José faillit s'évanouir en l'entendant :

— C'est vrai ! oui, c'est vrai ! ma bien-aimée ! je te le jure. Je n'ai jamais aimé vraiment que toi.

Elle lui tendit sa main, et, à ce moment même, une sorte de déchirure se fit dans le ciel qu'un coup de vent balaya et où commencèrent à monter les premières clartés blanches de l'aube. Ce fut comme une poussière de jour, une poussière d'argent qui s'éleva de l'horizon. Ce retour rapidement accentué de la lumière dissipa bien vite le fantastique aspect dont Lotta était arrivée revêtue. Le phosphore ne luit que dans l'ombre parfaite. Elle aussi voyait clair maintenant et contemplait avec une joie naïve José, toujours à ses pieds et qui continuait ses amoureuses protestations, ne l'ayant jamais trouvée si charmante qu'au sortir de ce suaire de vapeurs et son beau visage allongé par cette nuit d'angoisse.

Il était sincère; car il l'épousera dans un mois.

Eh bien, et Peppa? et le docteur Fleurantès? Mon Dieu! tout va à merveille chez eux. Le cousin de Peppa est revenu. Eux aussi vont se marier et l'éminent praticien pourra dorénavant se consacrer, sans autre souci, à la destruction des mulots qui rongent, aux racines, les plus belles fleurs de son jardin.

II

FANTAISIES AMOUREUSES

SUPER FLUMINA BABYLONIS

Un excellent adepte de Puvis de Chavannes, qui en compte — et parmi les illustres — il y a quelques années, un peintre dont l'œuvre antérieur m'est inconnu, M. Lagarde, a exposé une grande toile devant laquelle je suis demeuré véhémentement charmé et mélancolique. Elle représente les femmes d'Israël sur la rive babylonienne, exilées plaintives dont le psalmiste nous a conservé le chant si bien traduit, en vers français, par notre vieux Marot, notamment dans cette strophe touchante :

> Pussé-je, un jour, oublier de ma dextre
> L'art de harper, avant que tu puisse estre,
> Jérusalem, hors de mon souvenir !

Dans un paysage tout mouillé des brumes menteuses du souvenir, dont chaque forme flottante dans le brouillard revêt, sans doute, pour les proscrits, quelque image chère et lointaine de la Patrie absente, où l'âme du pays abandonné erre, lamentable et désolée, dans une nature inconnue et maudite, au bord du fleuve indifférent qui roule à leurs pieds ses eaux dont elles ne comprennent pas la chanson, les tristes aïeules des rois du jour, les juives dont les flancs portent le monde futur des marchands de lorgnettes et des changeurs, sont accroupies dans des poses désespérées et résignées à la fois. En vain, la douceur des heures aimées là-bas descend sur elles, dans la caresse de l'air qui frôle, en les baisant, leurs robes flottantes, dans l'attendrissement du ciel plein de clartés discrètes et enveloppantes comme le regard d'un Dieu, dans le murmure du bois voisin où se déchire, dans un délicieux gémissement, l'aile transparente des brises. Elles sont toutes au regret de la terre maternelle dont les matins, dont les musiques, dont les parfums seuls sont doux. Ainsi l'amant pour qui toute voix est muette quand ne parle plus la bien-aimée.

Une d'elles cependant est debout qui tend la blancheur amaigrie de sa main vers une façon de lyre pendue à un saule et d'où le vent de la rivière tirait déjà sans doute une plainte vague et mourante. Sous le poids despotique et douloureux de l'inspiration, elle va dire, sans doute, ce beau poème de la mémoire immortelle que nous ont conservé les Livres Sacrés. Elle clamera vers Jérusalem déserte tous les adieux d'un amour qui ne veut pas être consolé, symbole vivant des souffrances renaissantes sans cesse de ceux qui ne savent oublier. Et durant ce temps les ondes insensibles continueront d'emporter vers les gouffres de la mer l'image tour à tour souriante et éplorée des rêves et vivante à peine dans un rapide reflet.

Tels nous sommes, nous autres habitants d'Asnières, depuis un mois.

Non pas qu'une invasion de banlieue nous ait emmenés enchaînés à Courbevoie, comme les Hébreux d'antan. Nous continuons à goûter les joies glorieuses et municipales de l'autonomie, sur notre sol natal et sous les lois d'un maire pharmacien de première classe, ce qui n'est pas le fait de toutes les communes. C'est un agréable volume que celui où sont reliés, sous une même couverture, le Codex et la Loi et que possèdent fort peu de bibliothèques. Donc, non seulement nous ne sommes pas des exilés, mais les immortels principes de quatre-vingt-neuf nous sont servis à domicile, sous la forme de pilules, ce qui est la façon la plus rationnelle et la plus commode de les absorber.

Et cependant on ne voit que nous le long des rives de la Seine, déplorables et errants comme des ombres, depuis la pointe de la Grande-Jatte dont les verdures tendres se doublent dans le fleuve, jusqu'à l'aimable gueule par où Paris déverse, dans un long vomissement, ses trognons de chou dont Mantes recueille le bouillon économique, admirable invention qui permet à cinquante lieues de paysage de jouir des puanteurs d'une grande ville empoisonnée.

Pourquoi nous errons ainsi ?

Et que voulez-vous que nous fassions, nous autres canotiers de race, par un temps pareil ! Dans le court bassin qui sépare le pont du chemin de fer du pont dit Bineau, dans les géographies du département de la Seine, les océans seuls courent, joyeux, des bordées, penchés sous leur haute voile, tout un bordage frangé d'une écume d'argent par l'eau, pareils à de grands oiseaux blancs dont l'aile oblique émerge seule de l'onde que frôle leur ventre aplati et luisant. A ceux-là le vent ouvre un chemin rapide et périlleux qui se ferme derrière eux en deux sillons qui se rejoignent et s'effacent, comme un paysage vallonné qui finit en plaine. Mais le moment est dur et l'air est âpre aux manieurs de rames qui aiment à secouer rythmiquement des perles sur une surface tranquille, des perles qui tombent comme si le fil intérieur d'un collier s'était brisé.

Et les promeneurs paisibles donc ! Ces promeneurs dont je suis et qui ne demandent à la course lente de leur barque qu'un peu de rêve mollement bercé, qu'un peu de méditation recueillie dans le silence matinal de l'eau. Quand l'aube, semblable à un cygne qui se réveille, agite le duvet tremblant et neigeux de ses plumes à l'horizon, nid profond de la lumière ! En vérité, j'ai grand lieu d'être mélancolique

quand je pense à mes belles promenades des
ans passés, aux chères images évoquées le long
des rives, aux noms chers confiés à l'oreille
des saules, durant les aurores tièdes et printanières vraiment, familier que j'étais de la
rivière tout à coup ensoleillée par le premier
regard d'or de l'Orient !

Parbleu ! les pêcheurs à la ligne aussi sont
malheureux. Leur distraction accoutumée leur
est interdite. Mais que de consolations pour
eux ! D'abord il y a fort longtemps qu'il n'y a
plus de poissons dans nos parages; et, s'il suffit
qu'il y ait de l'eau pour canoter, il n'en est pas
de même absolument pour pêcher. Ensuite ils
obéissent à un règlement émanant de l'auto-
rité publique et il est toujours doux à un bon
citoyen de se conformer aux lois de son pays,
surtout quand, du même coup, il contente son

apothicaire. Enfin, la raison à laquelle on sacrifie leur plaisir est de nature sympathique, presque touchante, et leur permet de se ranger, jusqu'à un certain point, dans la phalange éminemment intéressante des victimes de l'amour... j'entends de l'amour des autres, celui d'ailleurs dont on est le plus communément victime.

Car, enfin, pourquoi les force-t-on de garder, dans leurs carquois de fer blanc, les flèches inutiles et recourbées de l'hameçon ? Pourquoi un armistice leur est-il imposé dans cette longue guerre où les rhumatismes d'un côté et la poêle de l'autre mettent hors de combat tant de héros ? Uniquement pour permettre au petit Dieu malin qui excelle à nous rendre imbéciles de repeupler nos fleuves, lesquels ne sont qu'une partie de son empire. C'est pour favoriser l'idylle printanière des gardons et des schwènes, sous les rideaux de joncs que ferme sur eux le souffle de la rive, sur le lit de sable

où ne courent plus que des vers innocents,
que le législateur, faisant là un métier dont je
ne lui adresse aucun compliment, a suspendu
les jeux meurtriers des dompteurs d'asticots.
Consolez-vous de demeurer inutiles à la société
humaine, féconds pourvoyeurs de nos tables
campagnardes, vous qui rentrez tard chez vous
ployés sous le poids d'une ablette qu'on man-
gera en famille ; consolez-vous en pensant
qu'ils s'aiment, eux, là-bas, au fond, dans l'eau
où vous auriez tant de peine à en faire autant,
les barbillons et les goujons qu'a mordus,
sous leur nageoire gauche, la dent amère et
douce des voluptés. Consolez-vous et dites-vous
que celui-là est un sacrilège qui trouble les
mystères sacrés de l'amour. Et vous, femmes
des pêcheurs, vous dont le cœur est, comme
celui de toutes les femmes, un abîme de pitié
et de maternelle tendresse, pensez aux délicieux bébés de poissons qui frétilleront bientôt
le long des grosses pierres de la berge, pro-

génitures innocentes que le destin des fritures attend presque au seuil de la vie, et, du bout de vos doigts blancs, brodez, avec les marguerites sauvages, des layettes à ces innocents dont la crèche est une anse d'eau claire toute rayée d'azur.

Une seule chose m'embête. Pourquoi le législateur n'a-t-il protégé de cette façon que les amours rustiques des poissons? Eh bien! et les nôtres, messieurs les matassins de la Chambre? Est-ce que vous croyez qu'un soupçon d'armistice annuel ne nous serait pas agréable aussi, à nous que les gardes-champêtres poursuivent jusque dans les taillis profonds où s'abriteraient si volontiers nos printanières tendresses? Est-ce que vous vous imaginez que nous n'aimerions pas, nous aussi, pour nos idylles, le beau décor bleu du ciel ouvrant d'insondables paradis au-dessus de nos têtes, de l'eau murmurante où descend l'image ensoleillée de la forêt, des horizons où naît et meurt la lumière dans une claire fumée de sang? Essayez d'un petit décret qui nous permette seulement, deux mois durant, comme aux goujons, cette débauche en pleine nature, et vous verrez si nous ne vous renommons pas aux prochaines élections, ce qui est, après tout, le seul but que poursuive votre désintéressement... des intérêts du pays, ô bons marmiteux de la politique dont je ne dirai jamais tout le mal que je pense ! On se plaint que les générations d'aujourd'hui sont tristes, dans les grandes villes surtout La belle malice ! Quelle gaieté voulez-vous attendre d'enfants perpétrés dans des appartements où n'entrent jamais les joies vivantes de la lumière, entre des cloisons moroses où l'atmosphère s'épaissit des poussières citadines pénétrant, seules, par les fenêtres ouvertes, avec le bruit morne des fiacres emportant des fesse-mathieux à leurs affaires ! En voilà un souffle de fleurs et un hymme de nativité pour les Jésus que nous fabriquons en Chambre comme les ouvriers en Bondieuseries de la rue Cassette !

Un peu de plein air, messeigneurs ! Le plein air a sauvé le paysage contemporain en peinture. Essayons-en un peu en paternité. Je demande que le règlement édicté en faveur des brêmes nous soit étendu.

Ainsi méditai-je de beaux règlements d'administration publique, pour me consoler de ne pas naviguer doucement le long des îles. Et je regarde, oubliant les trahisons du fleuve et du printemps, dans le plus beau parterre de mon jardin, mes acanthes développer leur décorative verdure, mes anémones du Japon grandir, et s'enrouler comme un cornet d'émeraude mes hémérocalles aux feuilles luisantes.

OBSESSION

Valse mélancolique et langoureux vertige!

Comme dit le vers exquis de Baudelaire. C'est une valse qui me hante, une valse de Johan Strauss ou de Gungl' certainement, pleine de caprice autrichien, avec des bruits de corde qui se cassent, de la famille de celles que Pattikarus et son orchestre Tzigane, le premier entendu à Paris, révélèrent aux promeneurs de l'Exposition impériale. Imaginez une phrase d'une mélancolie presque navrante soupirée par le violon, puis deux pizzicatis secs et railleurs qui la coupent comme un méchant éclat de rire. Méphistophélès interrompant la plainte amoureuse de Marguerite. Cette musique est d'un charme énervant qui me prend comme toutes les autres, bien que je trouve injustes ceux qui nient la valse française, oubliant que *Rosita* est un chef-d'œuvre, que la *Vague* et le *Tour du monde* suffisent à la renommée de Métra, et que mon compatriote Marcailhou a laissé deux merveilles de danse langoureuses. Mais la valse qui me poursuit n'est ni de celui-ci ni de celui-là. Viendrait-elle de Hongrie, comme un écho des fêtes où, inutilement convié, je n'ai pu suivre mes compagnons? Vous savez ces choses qui vous chantent dans la tête, qu'on voudrait en vain chasser pour entendre autre chose ? Eh bien ! j'en suis là, prisonnier d'une mesure à trois temps, d'un rythme qui bat la mesure à mon souvenir.

Et toutes mes pensées tournent au vent de cette mélodie, comme des feuilles que le vent emporte; de chères images s'enlacent pour en esquisser le pas, silencieusement, comme des ombres qui glissent. De belles chevelures flottent sur les épaules, comme fouettées par cet air, et parfois des baisers les scandent, des baisers longs, passionnés et comme chargés d'adieux !

O valse, d'où donc est-tu venue faire le siège de ma mémoire, valse tyranique et charmante, valse qui m'emporte sans cesse dans ton impitoyable tournoiement.

Ah! j'y suis. C'est à Toulouse la Romaine que je t'ai entendue. C'était par un des beaux soirs du mois dernier, un de ces soirs qui rêvent sous un dais d'azur sombre innombrablement troué de clous d'or, où passent des brises fraîches secouant dans les feuillages un tressaillement léger. O ville des paresses ineffables ! Le plus glorieux café des allées Lafayette étendait bien loin sur la chaussée ses tables bruyantes et serrées, et ce devait être, de loin, pour les habitants des planètes lointaines occupés à nous observer, comme un fourmillement d'insectes autour d'une proie. De ce cliquetis de paroles, de cet orgie d'accent, se dégageaient, claires et sonnantes comme des éclats de trompette, les paradoxes du peintre Fauré, dont Ricard estimait tant le talent et la personne, les récits du compositeur Maihol, qui laissera tant de pages charmantes, les mots heureux de mon ami B. Marcel auxquels manque seul, pour devenir célèbres, l'écho du boulevard, sans compter les uts que le ténor Tournié prodigue en homme qui en a plein la poitrine, et les théories humanitaires de Journet, fils de l'apôtre. Donc, nous étions là quelques bons compagnons, quand un harpiste et deux joueurs de violon vinrent s'asseoir, trois de ces musiciens, fils d'une Bohème qu'on ne rencontre sur aucune place d'Europe.

Car c'est la grande bohème des déclassés et
des indépendants, celle dont mon maître
Théodore de Banville a dit dans une admirable
chanson :

Et vive la Sainte Bohème !

Je n'eus pas la curiosité de les regarder
dans l'ombre sillonnée de bocks, où s'accrochaient, sous la transparence du verre, la
clarté jaune des becs de gaz prodigués à l'intérieur du café. Trois chapeaux mous sur des
chevelures qu'on ne souhaite pas à ses voisins de table, trois bouts d'archets frémissants, la silhouette de la harpe dominant celle
de son maître. Voilà tout ce que je vis, comme
on voit des ombres chinoises. Mieux valait les
écouter, car ils jouaient avec infiniment de
justesse, de mesure, et même une pointe de
sentiment.

Oui, c'est bien de ce groupe fantastique que
monta, exhalé comme un murmure de ce flot

humain, cette valse étrange qui chante encore dans mon cerveau.

On raconte que l'inspiration se révélait à Chopin sous les traits absolument précis d'une femme dont l'image venait s'asseoir à côté de lui, le long du clavecin où courait la fièvre de ses doigts. Ainsi c'est vers l'amoureuse de son rêve que s'élevait l'immortelle plainte de son cœur, que montaient les sanglots profonds dont il nota la musique surhumaine. Ceci n'est pas une fantaisie de biographe. Voici maintenant que cette valse innomée a pris pour moi un corps, un corps souple et charmant qui ondoye sous les flots dénoués d'une admirable chevelure noire, et la curieuse langueur de deux yeux pareils aux violettes de Parme foncées mê le leur rayonnement à ce tumulte de mon âme. L'étrange vision de jeu-

nesse et de beauté sauvage, de mélancolie
précoce et de naïve gaité, beau rire clair traversant une buée de larmes ! Elle chante
d'une voix très douce la valse qu'elle symbolise, tant tout est caprice en elle, comme dans
cette mélodie heurtée, faite de surprises et
d'enchantements. Ainsi cet air dont les flots
du Danube bleu ont bercé l'enfantement me
ramène vers les flots de la Garonne rouge,
vers ces flots de brique frangés d'argent par
l'écume dont j'aime tant le bruit menteur ; et,
pour guide dans ce long voyage, j'ai la baguette d'une fée inconnue, d'une fée au sourire de Joconde, mystérieux et attirant, étoile
descendue des cieux de l'idéal comme dans
les inventions charmantes des poètes.

O valse, comme tu m'emportes loin des
cruelles réalités !

Il fait encore bon là-bas par les dernières soirées estivales, sous la large tente du café, le long des avenues sans doute un peu jaunies. Et ils sont tous là, les amis que j'ai dits, et ils seraient en train de se ficher un peu de mes vers et de ma prose que je ne serais ni étonné ni fâché. Quand nous sommes quatre ensemble à Toulouse, malheur à celui qui s'en va le premier. Les trois autres en ont pour un bon quart d'heure à rire à ses dépens. Mais on ne s'en aime pas moins pour cela. Au contraire. On y est reconnaissant surtout envers qui vous amuse. Je ne vous en envoye pas moins mon meilleur souvenir, camarades ! Mais vous ferez bien aussi quelque chose pour moi. Si les trois musiciens en chapeau mou, le harpiste et les deux violons sont encore à leur poste, masse noire s'amoncelant en calvaire sur un ciel rayé de cordes de cuivre frémissantes, ajoutez de ma part quelque menue monnaie à votre obole quotidienne. Ce sont générosités, qu'en bon méridional, j'aime à faire à distance, parce qu'elles ne coûtent rien. Vous savez que s'ils crient : Largesse ! ou : Vive Monseigneur! ce sera de moi certainement qu'il s'agira. Oblige-moi, mon cher Marcel, de leur faire alors en mon nom un petit discours où tu leur exposeras que, quand il s'agit de protéger les arts, je ne recule devant aucun sacrifice ! Cette réédition de M. Goblet me fera du bien dans l'opinion.

Mais surtout, s'ils jouent la valse qui me tourmente délicieusement depuis un mois, ne lésine pas, mon bon compagnon ! vide ta bourse ! Et le ciel, j'en suis sûr, pour t'en récompenser, t'enverra aussi, aux heures du rêve, quelque fée qui danse. Car ton goût pour la chorégraphie n'est guère un mystère que pour les ignorants ; une fée blonde, par exemple, avec des yeux de myosotis !

UN IMBÉCILE

J'ai décidément une faiblesse pour les pauvres d'esprit. En attendant que le royaume des cieux soit à eux, comme le leur a promis Jésus, je leur ai donné celui de mon cœur. Les jugements divers qu'a soulevés l'opinion triomphante à la Conférence des avocats ont évoqué, dans mon souvenir, l'histoire d'un homme que j'ai beaucoup connu, et que l'une de ces sentences maltraite sans miséricorde. Imbécile, mon pauvre ami ! Non ! Vous allez voir à quel point il était imbécile ! Nous irons, tout à l'heure, porter des chardons sur son tombeau.

C'était cependant un militaire très brave qui, bien qu'ayant quitté très jeune le service, y avait conquis de glorieux états. Il avait épousé alors une femme très belle qu'il aimait de toute son âme et depuis son enfance. Il n'ignorait pas qu'avant de lui être donnée, elle avait été demandée par un jeune homme pour qui elle semblait avoir quelque inclination. Mais ce caprice de jeune fille, qui avait facilement cédé devant le désir des parents, n'était pas pour lui donner de l'inquiétude. Il connaissait l'éducation solide de celle à qui il donnait son nom et avait une confiance entière dans sa loyauté. Dix années de bonheur étaient là qui lui prouvaient qu'il avait eu raison. Rien de plus calme que ce ménage et de mieux entouré d'estime. Deux beaux enfants étaient venus en augmenter la joie et la tranquille prestige. Cet imbécile était parfaitement heureux.

Un dimanche, pendant que sa femme était à la messe, une lettre destinée à celle-ci lui tomba dans les mains. Machinalement, il regarda l'écriture et reconnut, pour l'avoir lue souvent autrefois, celle de l'homme qui lui avait semblé un instant préféré. Une rapide association d'idées se fit dans son cerveau. Cet homme était venu louer depuis quelque temps à peu de distance de leur propriété ; il l'avait rencontré souvent et en avait été évité. Un doute terrible entra dans son esprit ; une pensée qui lui semblait à la fois monstrueuse et fatale. La façon mystérieuse dont la lettre qui ne portait aucun timbre était venue là. Puis une suspicion subite et rétrospective. Toujours douce et obéissante, sa femme était moins tendre avec lui. Elle avait demandé qu'ils eussent chacun leur chambre. Le doute se fit angoisse, torture indicible, supplice et certitude oppressive. Il faillit, d'une main désespérée, rompre le cachet... il s'arrêta.

La douleur était plus forte que la colère ; ses

mains tremblèrent et des larmes emplirent ses yeux. Car cet imbécile avait une notion très haute de l'amour. Il savait qu'une fois perdu rien ne le ramène ; qu'une fois conquis, il est prêt à tout braver ; qu'il est plus fort que la terre et plus fort que le ciel ; qu'il est l'éternelle puissance contre laquelle se brisent toutes les puissances humaines. S'il était trompé, eh bien après ? Le mal était irrémédiable. Tout était fini pour lui qui aimait encore. Il supplierait sa femme ? elle le fuirait. Il la tuerait ? la mort ne la lui rendrait pas. Il n'avait plus de courage pour la fureur, tant il était écrasé par l'écroulement de sa vie, et ses yeux erraient dans l'abîme ouvert entre les cieux du passé et l'inexorable enfer béant sous ses pas. Je ne crois pas qu'homme ait jamais connu plus grande souffrance, et, si bête qu'il fût, vous en auriez eu pitié.

Il roulait, hébété, la lettre entre ses doigts. C'est la terreur maintenant qui le tenait oppressé. Cette conscience qu'il avait d'ouvrir la porte à l'Inexorable paralysait sa volonté. L'homme, instinctivement, a peur de l'Infini et de l'Absolu. A-t-il même le droit de les tenter quand ils le frôlent, et n'est-ce pas présumer de ses forces et de sa raison? Certes il la frapperait, car son honneur le voulait ainsi, et si la lettre était un acte d'accusation, c'était du même coup une sentence de mort. Et l'enveloppe lui apparaissait rouge de sang, d'un sang qui lui brûlait les doigts. Ce naïf avait le respect de la vie humaine et l'idée de tuer hors du champ de bataille lui faisait peur. Un homme assassiner une femme! Se pouvait-il que l'honneur tînt à cela! C'était encore la nuit complète sous son front, l'ombre traversée d'orage, l'obscurcissement éperdu de la pensée.

Les chants d'oiseaux devancent quelquefois l'aurore.

Il écouta soudain, sans comprendre d'abord et comme si un monde d'impressions nouvelles et confuses devait accroître les ténèbres de son esprit. C'était un bruit très doux et très joyeux qui montait du jardin tout en fleurs que dominait la fenêtre ouverte de sa chambre ; quelque chose comme le gazouillement des nids, cette musique obscure et charmante. Bientôt, son oreille distingua mieux et il tressaillit. C'étaient ses enfants qui riaient en jouant dans le sable au pied de la croisée. Il s'éloigna de celle-ci, en mettant une de ses mains sur ses yeux, tandis que la lettre semblait s'alourdir encore dans l'autre. Oui, ses enfants ?... Leurs enfants ?... car il avait été longtemps sûr d'elle !

— Il la tuait et son nom était vengé, à lui. Soit ! Mais eux ! Le droit d'avoir une mère n'est-il pas sacré ? Etaient-ils donc coupables eux qui allaient porter avec lui-même le poids de sa vengeance ? Eux qui jouaient, innocents, sous le grondement du tonnerre ! Et il les voyait en dedans de sa main, dans cette ombre tiède, éplorés dans leurs beaux cheveux blonds, éplorés et le maudissant. C'était comme une nouvelle blessure par où coulait un nouveau sang de son cœur. Que voulez-vous ? ce puéril personnage avait pensé jusque-là que jamais l'homme n'a le droit de tout briser dans la vie de ceux qui l'entourent, même pour satisfaire le plus cher et le plus noble de ses intérêts. Que l'honneur lui soit plus sacré que sa propre existence, soit ! C'est le fait de tous les braves gens. Mais plus sacré que l'existence des autres ? Allons donc ! jamais ! S'il ne s'agissait d'autant que cela, que vaudrait le sacrifice ? que serait cette double puissance de la tendresse et de la justice devant laquelle tout autre se doit humilier. Ainsi conçut-il soudain que la profondeur de son propre chagrin s'allait doubler de l'horreur d'un crime et ce fut, dans son esprit, comme lorsque les lumières ensanglantées du soleil couchant font plus effroyables encore les gouffres qu'elles effleurent.

Il hésitait encore pourtant ! Ses doigts pressaient toujours la lettre comme pour en presser le secret. Mais les enfants rirent et chantèrent plus fort sous la fenêtre. Puis, l'un d'eux tomba sans doute, car il se mit à pleurer. Le cœur de notre Jocrisse se fondit. Il déchira la lettre en mille pièces qui, comme des flocons de neige, s'écartèrent dans le jardin...

Que vous dire ? Tout monde n'a pas l'âme héroïque de Caton. Pour moi, ce lâche qui souffrit tout plutôt que de faire souffrir est demeuré une image très sympathique. Cet avare de la douleur des autres ne m'inspire aucun dégoût, et, s'il faut être franc jusqu'au bout, nonobstant la sentence de M. Alexandre Dumas, que j'admire fort, je donnerais bien des gens d'esprit pour cet imbécile-là.

LES EXILÉS

La longue avenue qui sépare la Porte-Maillot du pont de Neuilly est, comme tous les ans, bordée d'un double rang de tentes où le pain d'épice émollient, brune gencive enchâssant des quartiers d'amandes pareils à des dents d'Anglaise, où l'anis musical et autres friandises de goût médiocre sont débités aux badauds. Ce monotone défilé de boutiques purgatives est coupé çà et là, par de grands carrousels dont les chevaux de bois tournent dans le bruit sans avancer, comme font les gens de la politique, ou bien par des océans à roulettes où le mal de mer s'obtient sans la compensation ridicule des sublimes horizons, ou encore par des roues verticales entraînant des simulacres de ballons, toutes inventions pittoresques qui, venues plus tôt, auraient évité à Diomède d'être dévoré par ses coursiers ; à Lapeyrouze de se perdre dans l'azur-mortel des gouffres, et à Pilate des Roziers de renouveler ses fâcheuses aventures d'Icare. Ainsi va le progrès

En avançant vers Courbevoie, je retrouve à leur place les théâtres importants de Cocherie, de Beker et de Corvi. La Société des auteurs n'a pas encore pensé à exiger des droits de ce dernier qui n'a pour pensionnaires que des singes. C'est un hommage de bon goût rendu aux autres comédiens.

Les lutteurs m'ont paru manquer. Il est à craindre que la loi sur les récidivistes ne porte une sérieuse atteinte à leur industrie qui ne se saurait passer de compères. Les jolis messieurs qui demandaient des caleçons avaient surtout pour but d'y cacher leur casier judiclaire, ce que les gens de bien n'ont pas coutume de mettre dans ce vêtement léger.

Peu de femmes colosses aussi, ou du moins vraiment colosses. De fausses maigres tout au plus. Et puis, toujours les mêmes. C'est un écœurement de mollets quinquagénaires. Les militaires eux-mêmes refusent d'y toucher, et cependant nos troupiers viennent de donner, au Tonkin, des preuves incontestables de courage. Le temps est passé de dire avec Baudelaire :

J'eusse aimé vivre auprès d'une jeune géante
Comme aux pieds d'une reine un chat voluptueux.

Rêve de poète ! Est-ce que, si vous aviez le bonheur d'être chat, vous choisiriez pour société celle de l'auguste dame Victoria en train de constituer un ministère ! Ce serait à miauler d'ennui.

En revanche, des ménageries partout. Vous

n'aviez pas été sans vous demander ce que Pezon et Bidel faisaient de tous les lionceaux qu'on trouve constamment en nourrice chez eux et dont quelques-uns sont élevés au biberon. Il eût été généreux de renvoyer au désert ces innocents produits de noces maudites. Car, croyez bien qu'il a fallu que leurs parents fussent terriblement dénués de distractions pour jeter aux cages éternelles ces misérables rejetons. Quoi qu'il en soit, cette idée magnanime n'est venue ni à Bidel, ni à Pezon. Ils sont actuellement à la tête d'un double jardin d'acclimatation dont ils débitent les élèves à des sous-Pezons et à des sous-Bidels. Tout le monde est dompteur aujourd'hui, dompteur d'animaux un peu plus domestiques que les chiens et les chats, plus souples que les sous-préfets eux-mêmes. Ces malheureuses bêtes revendraient de la servilité aux agents du ministère de l'intérieur et de la préfecture de police. Leurs maîtres n'en prennent pas moins vis-à-vis d'elles

des façons d'état de siège. Je me suis laissé
dire que, pendant ces terribles scènes, quelques goujats salariés s'époumonnaient par derrière la toile, dans les verres de lampes, pour imiter le rugissement des fauves. Bien rugi, lion! La foule benotte n'en a pas moins des petits frissons dans le dos. Un monsieur à lunettes est toujours là pour rappeler que les dompteurs finissent toujours par être mangés, ce qui n'est malheureusement pas vrai.

Il y a encore des naïfs qui cherchent leur secret. Ce secret est très simple. Il est dans le légitime dégoût de ces nobles captifs pour une pareille nourriture. Les lions ont peur de la trychine humaine. Voilà tout.

※

Les femmes s'en mêlent aussi. Sur les planches de la parade d'un de ces jardins des plantes ambulants, une belle fille se promène traînant un long manteau de soie cerise dont les plis supérieurs la coiffent à la Romaine. Costume bizarre, absurde, n'évoquant aucune mode et aucune époque, mais chiffonné avec un certain charme bohême, découvrant d'ailleurs dans un maillot sans artifices, le rebondissement de chairs jeunes, aux jambes d'un dessin vraiment assez correct. Elle passe et repasse dans l'essoufflement d'un ophycléïde donnant la réplique à une petite flûte, devant les toiles peintes où sont figurés des chasseurs de panthères, sous le cliquetis des lampes que le vent du soir balance à un fil de fer, tandis qu'un cuistre, pour faire rire le populaire, soûle de vin un énorme singe aux fesses épilées comme un crâne d'académicien. Le macaque paraît très fier de son derrière et le montre avec orgueil comme s'il contenait les œuvres complètes de M. d'Audiffret-Pasquier. La foule s'amuse beaucoup de ce Noë quadrumane qui n'a pas besoin de Cham pour découvrir ses nudités pendantes. Moi, je regarde stupidement cette fille qui n'est pourtant pas vraiment belle et je finis par entrer pour voir ce qu'elle peut bien faire là-dedans. La collection est misérable. Un couple de beaux chats sauvages cependant, mouchetés avec une symétrie capricieuse, très hauts sur pattes, d'une maigreur vigoureuse, qui feraient très mal aux pieds d'une Reine, mais superbes à voir courir sans doute aux cîmes des arbres, grands chasseurs de nids, admirables bêtes de proie. Ils ouvrent, par instants, des gueules d'un rose pâle, d'un rose de Bengale, dans laquelle meurt un inutile miaulement vers la liberté. Leurs petites dents aiguës semblent pendre comme des aiguilles de givre aux pétales de cette fleur vivante.

Deux lions et deux lionnes tout jeunes,

ceux-ci n'ayant encore qu'un frisson de crinière aux épaules et celles-là maladroites encore sur leurs lourdes pattes, pareilles à de gros chiens. Produits de ménagerie à n'en pas douter, animaux n'ayant connu d'horizon que le bois de leur cage et les barres de fer rayant devant eux la silhouette des visiteurs, bêtes sans révolte, à la résignation inconsciente, alanguies dans la servitude. C'est de bien loin, par delà les mondes mystérieux de l'atavisme, que le rêve du désert vient passer devant leurs yeux constellés comme le ciel des nuits qui emplit les solitudes, un rêve fugitif qui fait frémir leurs cils d'or. Une imperceptible vague semble alors courir sous leur peau, montant de leur croupe où la queue se dresse jusqu'à la nuque qui se gonfle, jusqu'à leur museau qui se frise. Un reste de sang libre dont le flot les secoue en dedans. Mais c'est un éclair et leurs larges prunelles semblent déjà s'éteindre, s'emplir de vide comme un âtre dont le vent balaye les étincelles. Elle est loin déjà la vision des Atlas déchirant le beau manteau pourpre des soleils à leur déclin ; l'image des palmiers ouvrant leur large carquois de flèches prisonnières ; l'imposture des mirages creusant dans le sable d'imaginaires lacs où descendent les mensonges azurés du ciel. Les planches! les planches horribles et le fer où s'accrochent les viandes mortes, les proies sans agonie où l'ongle s'enfonce sans joie, les chairs exsangues sans tiédeur savoureuse, l'ignoble pitance que jette le bourreau ! Et pliées sous des découragements superbes, les nobles bêtes qui n'ont pourtant qu'un instinct vague du destin originel, jonchent le plancher de leurs grands corps allongés, leurs pattes se rejoignant et se cherchant dans l'espace intime, comme pour une caresse désespérée, tendant leurs cous robustes et détendant, dans un bâillement muet, leur mâchoire à la langue rugueuse.

La belle fille entre dans la cage, nonchalamment, avec une insouciance visible des sentiments qu'elle inspire à ses pensionnaires. Ceux-ci viennent lentement vers elle, sans colère et sans amour, comme on reçoit une visite dont on n'attend ni plaisir ni peine. Ils viennent flairer ses mains et l'enveloppent d'un regard très doux. On voit qu'ils ne se connaissent pas seulement mais qu'ils se comprennent aussi. Une entente muette a lieu entre la belluaire et ses fauves. A peine les effleure-t-elle du bout de sa cravache et c'est tout au plus s'ils répondent à ses fausses menaces par un simulacre de grondement. Il n'est pas d'animal décidément qui ressemble autant à la femme que la lionne. Même nervosité maladive dans les moindres mouvements, même langueur aux énergies obscures et contenues.

Les lions semblent s'y méprendre et de leurs
flancs rythmiques frôlent, avec une volupté se-
crète, les cuisses de la dompteuse dans un
mouvement enroulé et plein de caresses.

Je regarde la femme alors et je vois passer,
dan ses yeux vagues, dans ses yeux d'un noir
sombre et presque mat, sans profondeur, trans-
parents et sans abîmes étoilés, je ne sais quoi
qui ressemble au rêve surpris dans les prunelles des lions, un regard voilé vers des infinis
inconnus, le douleureux salut à une patrie de-
vinée, à peine entrevue. C'est comme un reflet
mélancolique et charmant de lune sur un lac
d'ombre, quelque chose de sympathique et de
fraternel qui de ceux-ci va vers celle-là.

Et je pense que beaucoup d'entre nous sont
dans la vie comme dans une ménagerie, captifs de réalités qui les oppriment; qu'un monde
brutal nous tient prisonniers de ses conven-
tions idiotes; que l'idéal nous apparaît comme
un pays d'où nous chasse le caprice cruel des

destinées ; que les deux beaux fils du soleil, l'honnêteté et l'amour, sont désormais le jouet des foules insultantes, vaincus, bafoués, cravachés à la face comme ces misérables lions !

RENCONTRE

Le large omnibus à trois chevaux suivait lourdement la ligne des boulevards, monstrueusement bourré, avec des départs brusques qui devaient faire saigner le cou des bêtes, et des reculs nerveux, là où les rues transversales égrenaient leur chapelet de fiacres. Ainsi secoués et cahotés, la lecture de mon journal commençant à me donner le mal de mer, je l'abondonnai et, tournant lentement la tête pour regarder mes voisines, mes yeux rencontrèrent, dans le fond de la voiture, deux yeux qui les cherchaient vaguement, deux yeux dont la caresse métallique suintait d'une chair légèrement bouffie et marbrée de couperose.

Tout m'était connu et inconnu à la fois dans cette figure de femme massive aux lèvres luisantes, au sourire usé, roulée en paquet dans ce coin d'où débordaient ses jupes trop pleines, ses hanches sans dessin et jusqu'à sa gorge découragée. Ses jambes découvertes par le bas jusqu'à la naissance du mollet, par un croisement impudique ou maladroit, plongeaient dans des bottines trop larges aux plis brillants d'usure. Le reste de son costume était d'une bourgeoise qui se met mal, tout noir, mais d'un noir malpropre avec un chapeau dont un torchis de vieille dentelle enloquait le bord. Et, comme nos souvenirs réciproques se pénétraient plus avant l'un l'autre, se précisant et s'aiguisant mutuellement à ce contact obstiné, une angoisse me prit qu'elle aussi me trouvât si peu pareil à moi-même et ma propre caricature si cruellement. J'essayais de me croire trompé par ces parentés de physionomie plus impérieuses que la similitude des traits. Mais à cet aimant dont je sentais ma vue attirée, à cette magnétique impression dont j'étais dompté je ne pouvais longtemps méconnaître la vérité désespérée. Aussi quand, avec un dernier ébranlement qui fit gémir l'angle du trottoir, le véhicule un peu dégarni eut atteint le terme des soubresauts, en nous suivant sur le marchepied, qui cria sous son poids, tandis que je tendais la main à sa main gantée de filoselle :

— C'est toi? me dit-elle.

Et je lui répondis : — C'est moi.

— Tu es gentil de m'avoir reconnue, continua-t-elle en soufflant comme un jeune phoque. Je suis cependant bien changée.

J'ébauchai un geste poli de dénégation, les paroles me manquant absolument pour mentir autant que l'exigeait la plus vulgaire galanterie.

— Oh ! au physique, pas trop ! On ne me donnerait jamais quarante-quatre ans, n'est-ce pas ? Mais c'est ma vie qui est bien différente. Je suis mariée.

J'avais pris mon parti de n'être plus étonné de rien ici-bas.

— Je suis mariée et j'habite Puteaux. Je suis une bonne petite femme de ménage. Tiens ! je revenais de la Halle où l'on paie tout bien moins cher que dans nos sales campagnes. Regarde ces deux pommes. Eh bien! je les ai eues pour trois sous les deux. Là-bas. elles n'auraient coûté cinq sous pièce. En veux-tu une ?

Là mon souvenir fut si aigu qu'il me traversa la poitrine comme un couteau.

— Adieu ! lui dis-je, je suis affreusement pressé. Et je pris l'autre côté de la Madeleine, celui qui n'a pas de fleurs. C'est qu'un orage venait de s'abattre aussi sur le jardin de mon âme, y balayant les derniers bouquets.

O grâce, ô beauté souveraine, roses de jeunesse, voilà donc ce que le temps fait de vous ! Une délicieuse gamine, puis une admirable femme avaient vécu dans cet être informe,

<small>Débris d'humanité pour l'éternité mûr.</small>

comme a dit si magnifiquement Baudelaire. Je les avais connues l'une et l'autre avant de rencontrer leur tombe vivante. Comme tout à l'heure, l'enfant m'avait offert une pomme autrefois, au catéchisme — vous voyez que ce n'était pas d'hier; mais Adam non plus qui en accepta une avant moi. — Ah ! qu'elle était éclatante de santé sous sa belle chevelure blonde embroussaillée jusque sur les yeux ! Une poème de chair jeune et rose ! Très dissipée d'ailleurs et souvent grondée par le curé, ne sachant jamais ses leçons, ayant toujours des hannetons ou des cerises dans ses poches. Mais la belle petite fille ! J'en étais déjà amoureux au point de n'en avoir que des contritions imparfaites. Nous revenions ensemble de l'église par la grande allée qui longeait le canal, en nous poussant et en nous faisant des niches. Je la portais quelquefois pour sentir de plus près la chaleur embaumée de son corps tout rondelet, et nous nous embrassions follement derrière les haies, sans penser à mal, comme les petits ânons qui se lèchent. Et c'était ce charme vivant, cette aurore ensoleillée de baisers, cette splendeur délicate de rose en bouton qui étaient devenus ça !

Et la femme donc ! Je l'avais retrouvée à Paris. Elle y comptait parmi les moins vertueuses, mais aussi parmi les plus belles. De vingt-huit à trente ans ce fut un éblouissement. Courtisane jusqu'au fond des sens et de l'âme, qui ne faisaient guère qu'un chez elle, il y avait de la Vénus Victrix dans cette Vénus Meretrix.

Grande, superbe, taillée à la Milo, c'était un triomphe, de l'ombre de sa nuque au rose pâle de ses orteils. Et comme elle livrait tout ça sans compter, sans donner non plus, indifférente à tout ce qui n'était pas elle-même, avec la bienveillance magnifique du mépris ! Elle se regardait en regardant le bonheur des autres, le bonheur fait de ses feints abandons.

Jamais fille ne comprit mieux son métier de marchande d'infini et de débitante d'extase. Elle fut, dix ans, le refugium de mes désespoirs d'amour. Car j'ai longtemps vécu dans cette fatalité singulière d'aspirer à de nobles et lyriques tendresses, tandis que la fougue des désirs me ruait aux passions banales, comme l'eau pure des sources qui, en traversant les villes, suit les pentes fangeuses du ruisseau. Je n'étais pas plus tôt précipité du faîte immaculé d'un rêve que je m'écriais :

A moi les baisers lourds de l'argent qui les paie,

La caresse savante à l'abrutissement,
La torture où le cœur se disperse et la claie
Où l'idéal martyr saigne éternellement !
Dans l'ampleur des seins nus et des cuisses massives,
J'engloutirai le deuil de mon rêve trop cher
Et les derniers sanglots de mes amours pensives
Enfin s'apaiseront, étouffés dans la chair !

Et elle était toujours là pour cette consolation vaillante, toujours prête à me verser cet oubli, généreuse de sa beauté, comme les millionnaires seuls peuvent être généreux. Et, mes larmes coulant toujours sous ses caresses, je voulais croire et elle croyait que je pleurais de bonheur !

✼

Une fois même, je résolus de la prendre pour maîtresse. Cela dura juste trois jours, le temps de sentir se révolter en moi cette seconde moitié de mon être qui prend plaisir à tourmenter l'autre par je ne sais quelles billevesées d'idéal et de désespoir. J'ai retrouvé,

il y a quelques temps, dans mes vieilles notes,
l'adieu que je lui écrivis alors :

Adieu ! J'ai cru trouver dans ta chair sans pensée,
Dans ton regard sans ciel, sur ta bouche où tout ment,
— Comme un Léthé s'ouvrant à mon âme lassée —
Les lâches voluptés de l'assouvissement.
Las de clamer aux seuils interdits de Sézame,
Mon esprit, désertant les espoirs immortels,
Rêvait de s'abîmer sous ta beauté sans âme,
Comme sous les lambris s'écroulent des autels.
Malgré tes longs baisers dont ma bouche est avide,
Malgré ta forme auguste et savante au plaisir,
En te penchant vers moi, coupe superbe et vide,
Tu n'as fait qu'assoiffer la soif de mon désir.
Tu fis ce que tu pus. — Tu t'es, comme une proie,
Palpitante, jetée à mon désir béant.
Et, comme dans un gouffre où tout sombre et se noie,
Tu m'as, sans mesurer, dispensé ton néant.
— L'idéal me reprend ! — Il nous faut, l'un et l'autre,
De plus tristes pour moi, pour toi de plus joyeux;
L'horreur me prend du lit où ta splendeur se vautre.
Ne pleure pas ; les pleurs sont mal faits pour tes yeux.
Le mal qui m'a brisé te laisse tout entière ;
Tu m'auras oublié plus tôt que tu ne crois.
— Qu'importe un mort de plus au large cimetière
Où dorment tes amours sous des tombes sans croix !

FLORE MYSTIQUE

Vous avez certainement tous remarqué, comme moi, que les choses de la Nature, dans leur succession méthodique et dans leur feint imprévu, ne sont qu'une longue leçon d'amour. La Terre est une éternelle coquette, savante à révéler ses désirs, à alanguir les âmes, à se survivre dans la magie des caresses. Je n'en veux d'autre exemple que l'ordre dans lequel elle nous livre ses fleurs, depuis le premier frisson du printemps qui a le charme troublant d'une rencontre jusqu'au dernier souffle de l'automne où pleure la mélancolie désespérée des adieux. Et ici je n'imagine pas : j'observe, en bon physicien de Chaldée qui, sous l'indifférence des faits, cherche le pouvoir mystérieux des symboles, et ne croit pas que la science tout entière tienne dans les nomenclatures arides des botanistes de l'Institut.

Mars au pied diamanté de gelée blanche entr'ouve les rideaux tremblants et longtemps fermés de l'azur. Voici que fleurit la violette, la violette qui regarde avec des yeux pleins de candeurs inquiètes. N'est-ce pas aussi par les yeux que se fait le premier échange des pensées qui se tendent l'une vers l'autre? N'est-ce pas par les yeux que nous sommes vaincus longtemps avant le combat? N'est-ce pas l'appel des yeux, qui soudain, arrête notre course et nous fait captifs d'une espérance? Qui n'a senti le pouvoir despotique d'un regard et ne sait qu'au cœur même pénètrent les flèches invisibles cachées sous l'arc toujours tendu des paupières? Les yeux sont les premiers ouvriers de l'amour. Pour les délicats, ils en sont aussi les derniers. Car, dans les repos eux-mêmes de l'assouvissement, ils prolongent l'extase par la contemplation sereine de la Beauté possédée. Heureux qui lit dans les prunelles presque éteintes les reconnaissances sublimes du plaisir !

C'est par les yeux que nous vient l'amour, et les violettes sont des yeux !

C'est par les yeux qu'il finit et les violettes fleurissent à l'automne comme au printemps.

Bientôt les muguets foisonneront, moutonnement minuscule et éperdu de clochettes blanches plus rondes et plus massives que celles des lilas. Un parfum en montera, si capiteux et si subtil que ceux qui le respirent en sont soûlés jusqu'à la douleur. Ainsi, quand ceux que l'aimant du regard a attirés l'un vers l'autre se sont rapprochés, un charme nouveau les lie, plus enveloppant encore, et c'est comme un enivrement qui nous vient des blancheurs divines de l'aimée, comme si soudain la neige s'emplissait d'odeurs exquises et profondes. Oh ! la tiédeur du souffle qui nous pénètre en passant ! Tout est embaumé de ce qui la touche, ses gants et les plis de sa robe et le chemin même où se sont posés ses pas. Souvenez-vous mon amour, des heures délicieuses où, sans songer à vous rien demander, je me tenais près de vous, ne sentant que vous seule dans l'épanouissement des fleurs et dans les tiédeurs grisantes de l'ombre, dans la fête du printemps et dans la splendeur étoilée du soir. Il me semblait que c'était à vous qu'avait pris son parfum le bouquet déjà flétri dans votre corsage. Je vivais comme les dieux dans la fumée chaste des encensoirs. Mais ce charme innocent s'épuise vite. Il ne voile qu'un moment et pour l'aviver ensuite l'ardeur furieuse des désirs. Alors, il se fait torture, après avoir calmé. Un poison flottait dans ses effluves. Aux langueurs si doucement mortelles succède l'impérieux besoin de posséder. Le rêve se fait chair et l'amour saigne.

Les muguets qui succèdent aux violettes, les muguets pareils à de petites coupes versent, comme l'approche de l'aimée, l'anéantissement d'abord, puis les folies et les songes embrasés de volupté.

Alors apparaît la rose. La rose est pareille à une bouche tendue vers le baiser. Ses pétales ont le velouté délicat et la fraîcheur passionnée des lèvres. La rose s'ouvre, comme sur des dents, sur l'étincellement des gouttes de rosée. Elle aussi a une haleine, mais si douce qu'on dirait le souffle vivant d'une âme amoureuse. Elle semble venir à point pour exaspérer et assouvir, du même coup, cette grande soif de caresses où les premiers appels du regard, puis l'énervement délicieux des entretiens à voix basse, dans le mystère du soir, avaient fondu tout notre être.

Bien que les yeux ne trompent guère ; bien que tout soit encouragement dans le seul fait d'aimer ces solitudes à deux où l'on apprend à se connaître, tout est angoisse aussi, dans ces préliminaires cruels et charmants de l'amour, tant que la bouche n'a pas rencontré la bouche, tant qu'un baiser n'a pas scellé sur les lèvres l'accord sublime des cœurs. De tous les souvenirs que vous laisse une maîtresse, celui de ce premier baiser demeure toujours le plus vif, le plus vibrant dans la mémoire. Les femmes le savent bien, et celles qui ont quelque honnêteté dans le tempérament, sinon dans l'esprit, ne retardent et ne font tant valoir, par l'attente, cette caresse que parce qu'elles sentent bien qu'elles n'ont plus rien à refuser ensuite, ayant donné ainsi plus peut-être qu'elles ne donneront jamais autrement.

Oh! comme je me les rappelle tous, depuis le temps lointain déjà où je commençai d'aimer! Celui-ci, ce fut au retour d'un bal, en montant en voiture. J'en faillis devenir fou, tant je l'attendais peu en ce moment. Cet autre me fut longtemps disputé dans un radieux paysage le long d'un torrent désert, parmi la musique des oiseaux se poursuivant et des eaux tombantes. Je ne dirai rien du dernier dont je sens encore la brûlure. Car celui-là mentait. Oui, la rose est une bouche et c'est pour cela que le baiser qu'on y laisse se ranime et revit sous une bouche aimée, ce qui en fait, de toutes les fleurs, celle que les amants s'envoyent le plus volontiers.

J'irais plus loin qu'il ne convient peut-être à un écrivain vertueux si je poursuivais la recherche de ces images et creusais plus avant le mystère de ce symbolisme végétal. Après le printemps, qui est comme la jeunesse de l'amour, je montrerais l'été, qui en est l'épanouissement glorieux et dont la flore multiple, indéfiniment variée, représente à merveille l'innombrable trésor de caresses diverses que comporte la possession sereine de la Beauté. Tout n'est-il pas enivrement dans la femme encore souhaitée après de longs plaisirs ? Ainsi dans les bois et dans les jardins, au bord des eaux et sur les montagnes, — les bois ont de sombres profondeurs comme les chevelures dénouées, les jardins ont l'harmonieuse ordonnance de beaux corps, les eaux ont des frissons d'argent comme les marbres vivants de la peau féminine, les montagnes s'arrondissent comme les reliefs divins de la chair. — Tout évoque un spectre de volupté : les lys, dont la candeur revit sur les fronts endormis ; l'iris, qui se ferme comme un œil mourant sur des cils d'or ; la pivoine au cœur de satin mille fois plissé.

Que sais-je ! Pour les poètes et pour les amants, la Nature et la Femme se mêlent si bien l'une à l'autre que tout ce qui charme en la première semble n'être qu'un reflet de ce qui enchante dans l'autre. Aussi est-ce dans le spectacle des choses, sous les grands arbres, en foulant les gazons ou au bord des sources qui chantent comme des voix lointaines que j'aime à me souvenir.

PLATONISME

— Une bêtise de vieux! dit Jacques.

— Une ânerie de collégien! continua l'amiral.

— Quelque chose à crever de rire! conclut le commandant.

— Je me permets, dis-je à mon tour, de n'être de l'avis d'aucun de vous. Mais d'abord, entendons-nous sur les mots : s'il en faut croire une légende que *Le Banquet* ne dément pas, prises dans le sens originel de leur nom, les amours *platoniques* relèveraient plutôt de la police des mœurs que de l'esthétique amoureuse. Mais nous nous entendons bien, n'est-ce pas? Il s'agit de l'état singulier de deux êtres qui s'aiment — ou, du moins, croient s'aimer, ce qui est, dans l'espèce, absolument la même chose, comme je le démontrerai tout à l'heure, — et qui s'abstiennent cependant d'être amants.

Comment traitez-vous d'ânerie, de bêtise et de chose à crever de rire un état psychologique qui inspira à Balzac un de ses chefs-d'œuvre? Je ne parle pas du suicide de Werther, qui m'a toujours fait l'effet d'un pur serin. Je vous plains, mes amis, si vous n'avez goûté les délices d'une tendresse encore timide, d'un désir lentement savouré et des mille puérilités charmantes que comporte une attente tour à tour assurée du triomphe et désespérée. Car ces alternatives où le cœur bat plus vite sont des renouveaux charmants de la vie. Se sentir envahi de cette facilité d'extase qui vous fait plus précieux un serrement de main à la dérobée que la possession complète du plus magnifique sérail, qui vous fait renaître ou mourir sous un regard, qui vous enivre d'un souffle ou du parfum d'un mouchoir, mais c'est tout simplement adorable. Je sais de simples promenades à deux dans les allées où l'ombre descendait, promenades innocentes et dont la durée comptera parmi les plus belles heures que j'ai vécues ! Je ne dis rien du premier baiser longtemps interdit, du premier baiser sur la bouche. A mon avis, c'est un pas décisif hors du platonisme, et la femme qui ne comprend pas qu'après avoir donné ses lèvres elle se doit tout entière, n'a pas la première notion de la conscience en matière de passion. Car il y a une bonne foi et une honnêteté en amour comme dans tout le reste. Cette caresse ouvre au cœur de l'homme un abîme de désirs, une source comme celle qui jaillit sous le bâton de Moïse. La blessure est inexorablement ouverte et saignante, et il faut d'autres caresses pour la guérir. Mais ce baiser ! comme il ferait la mort douce !...

— Tout ça c'est de la poésie, dit l'amiral en bourrant sa pipe.

— Et après? continuai-je. Quand ce serait de la poésie? Est-ce que toutes les choses ne sont pas condamnées à avoir la leur, sous peine de devenir infiniment misérables, et entendez-vous nier que tout ait la sienne dans la Nature, qui devrait être la règle et le modèle de la Vie! C'est justement parce que nous arrivons à cette grossièreté singulière de mœurs qui fait qu'à l'ordinaire une femme s'achète aujourd'hui, pour le bon aussi bien que pour le mauvais motif, avec la même facilité qu'un cheval et que les banalités physiques de l'amour sont à la portée immédiate de tout le monde, que les délicats se complaisent davantage à cette occupation charmante du cœur et de l'esprit que nos aïeux appelaient: faire la cour. Les provinciaux la pratiquent encore un peu, mais à quel point de vue ridiculement odieux! Leur amour-propre se pique à obtenir ou à ne pas obtenir une femme. Question de conquête et de renommée où l'amour n'a rien à faire. Car là où est l'amour-propre, il n'y a plus d'amour.

Quels sont donc, d'ailleurs, les pauvres viveurs dans l'existence de qui compte la possession d'une femme de plus ou de moins! Pauvres garçons! Quelles carrières mal remplies! Au reste, les femmes ne sont pas plus intéressantes que les hommes à ce jeu — car c'en est un. C'est comme la petite guerre et les grandes manœuvres, où l'heure de la défaite, aussi bien que l'heure de la victoire, sont fixées à l'avance. Passons sur cette parodie et revenons au vrai platoniste, au sincère. Je répète que, pour les natures à qui l'idéal n'est pas encore complètement indifférent, il a des charmes d'autant plus vifs qu'ils sont plus fragiles. Car c'est là où j'en voulais venir : très subtils, très enlaçants, enveloppants comme les fils d'un réseau, ces liens sont étrangement frêles et faciles à briser. Je les comparerais volontiers à ces jolies toiles d'araignées automnales dont les jardins sont tapissés en octobre. La rosée les saupoudre de diamants où le soleil vient poser de minuscules arcs-en-ciel. Elles semblent tenir captives les branches qu'elles unissent ; mais le vol d'un oiseau, un souffle de vent les traverse et les déchire. Ainsi les amoureux qui ne sont pas encore l'un à l'autre vivent sous une chaîne d'enchantements, dans une trame tissée de rayons, de chants et de parfums, toutes choses dont aucune n'est solide. Un caprice suffit à rompre cette douce et imaginaire prison. Les âmes ne se lient vraiment que par...

— Nous y voilà donc! s'écria Jacques.

— Nous y voilà ! poursuivis-je. Pas toujours ! Bien des obstacles peuvent entraver cette so-

lution naturelle et la seule vraiment logique.
Il y a là un moment psychologique à ne pas
laisser passer. Si la femme ne sent pas elle-
même la limite où se doit arrêter sa résistance, le moment où le désir de l'homme devient lassitude par son exaspération même, le
bonheur qu'ils ont dû rêver ensemble court les
plus sérieux dangers. Si l'homme est vraiment
épris, il est peu probable qu'il ait le courage
de rompre. S'il est intelligent surtout il s'abs-
tiendra d'une révolte qui le ramènerait plus
soumis. Mais il entrera fatalement dans la voie
des compromissions, revenant aux maîtresses
plus clémentes et longtemps délaissées, repris
en dessous par la matière impérieuse et qui
n'abdique jamais ses droits.

Rien ne sera changé en apparence. Peut-
être semblera-t-il plus aimable, n'ayant plus
de ces mélancolies furieuses où s'affirmaient
la sincérité de ses viriles tendresses et les dou-
leurs de son impatience passionnée. Mais il

ne vivra plus que dans le rêve de ce qui avait
été une réalité, dans le souvenir mort de ce
qui avait été un espoir vivant. Il se complaira
peut-être longtemps encore dans des illusions
dont il a mesuré le néant. S'il est généreux,
il continuera même d'aimer, mais d'une autre
façon qui ne comporte plus le nom d'amour.
Aussi le platonisme m'apparaît comme un
chemin fleuri où l'on marche ensemble, où il est
même délicieux de marcher lentement pour
que la route soit plus longue, mais sur lequel on ne peut revenir en arrière. Une fois la
borne franchie où il était permis de s'associer
pour les sublimes repos de l'assouvissement,
il bifurque et jette fatalement les deux voyageurs qui le suivaient dans deux voies qui les
écarte à jamais l'un de l'autre, dénouant leurs
mains longtemps enlacées, séparant leurs lèvres frémissantes encore. C'est une fatalité de
cet état subtil comme l'air où les ailes de l'oiseau ne sauraient planer toujours loin de la

terre. Autre fatalité : ce dédoublement pénible de l'être revenu à ses anciens plaisirs et ne poursuivant plus que l'ombre de son rêve.

— Conclusion, dit Jacques : le platonisme indéfini ne peut pas plus remplacer l'amour qu'un parfum ne remplace le rôti sur une table bien servie.

— Sans doute ; mais, dans la vie des personnes portées aux délicatesses de la passion, il peut jouer le rôle d'un bon cigare après dîner.

— Ou d'un excellent apéritif avant le repas, ajouta le docteur Trousse-Cadet qui n'avait encore rien dit.

DÉCOR

Par quelle magie surgissent, dans la mémoire, à certaines heures précises, les paysages où nous ramène une impérieuse pensée ? Comment et pourquoi notre rêve ne veut-il s'épanouir que sous des cieux choisis, au milieu de choses aimées et connues ? J'ai subi le mystère de ces évocations sans en avoir jamais pénétré le secret. Il est sans doute dans une intimité plus profonde que nous ne le supposons entre ce qui vient de notre âme et ce qui vient de la Nature. Longtemps avant la mort nous sommes mêlés, vivants, à celle-ci, notre sang n'étant, après tout, qu'une de ses sèves et notre esprit une fleur invisible qui grandit, s'ouvre et se flétrit comme les autres fleurs.

Quoi qu'il en soit de ce pouvoir étrange qui nous impose certains spectacles comme nécessaires et formant le seul horizon logique à notre pensée, je n'ai jamais repoussé la fatalité poétique et douce ; j'ai gagné à cette soumission devant l'inconnu de revivre des heures anciennes de ma vie avec une intensité qui les doublait vraiment. Que de fois mes anciennes amours sont revenues s'asseoir à mon côté et se sont réveillées ainsi, dans mon oreille,

Les voix chères qui se sont tues !

comme a si bien dit un poète de ce temps ! Un moment, un hasard suffit quelquefois à ces retours vers les passés pleins de sourires et de larmes ; moins que cela, une image indifférente, un fait absolument impersonnel. Comme ces amorces de feu, errantes dans la nuit des fêtes populaires, et autour desquelles se dessinent tout à coup les lumières savamment ordonnées des pièces d'artifice, gerbes d'étincelles, fantastiques floraisons de flammes multicolores, ces riens sont le point de départ de merveilles imaginatives, dont le cerveau tout entier rayonne, soudain constellé des clartés vibrantes du souvenir.

Je vous jure que je ne les connaissais pas. Mais ils marchaient l'épaule serrée contre l'épaule, en gens qui s'aiment et sentent, tout le long des bras enlacés, le frisson du bonheur d'être ensemble. Etaient-ils très jeunes ? Etaient-ils très beaux ? Je ne pouvais distinguer leur visage dans l'obscurité vague, dans la lueur diffuse où clignotaient les yeux tremblotants du gaz. Mais ils s'aimaient certainement, et leurs bouches se seraient cherchées, n'était la foule inepte, la rumeur citadine qui remplissaient la rue où ils passaient. Oui, une rue bruyante, parcourue de voitures, avec des cris d'enfants aux fenêtres et des appels de chiens sur le trottoir. Vous avez connu certainement ce supplice d'avoir tout près de soi l'être dont une caresse vous ferait mourir de joie, et de comprimer, à s'étouffer soi-même, les étreintes dont on voudrait l'envelopper, tout cela par un respect banal du passant méprisable et de l'inconnu qui vous frôle sans se douter seulement que vous portez le ciel dans votre cœur. Heureux les bergers des idylles virgiliennes, qui connaissaient les bosquets profonds et les grottes fraîches où les lèvres s'unissent et où tout chante le silence autour des musiques divines du baiser!

Où allaient-ils? Ils cherchaient, sans doute, quelque square où un semblant d'arbres offre un semblant de retraite aux amoureux, dans le commérage des habitués. Mais il était onze heures, et les squares sont fermés à cette heure. Ils allaient donc, maraudeurs de l'amour sans doute que traque la colère des parents ou la rancune des rivaux, continuer à errer, poursuivis par le bruit de la circulation, sur le pavé ébranlé par le lourd passage des omnibus annoncé de loin par deux grands yeux verts ou rouges, immobiles et flambants.

Cependant, au-dessus d'eux la nuit était superbe, une de ces nuits parisiennes dont la fraîcheur lentement tamisée s'arrête aux balcons des maisons sans jamais descendre vraiment jusqu'aux promeneurs qui, dans la tiédeur obstinée et fade de l'air, devinent, par delà les remparts, les brises toutes pleines de fleurs et le frémissement du fleuve qui semble emporter les étoiles.

C'est alors qu'une immense pitié me venant de ces exilés, ou mieux de ces captifs que je voyais se serrer plus fort l'un contre l'autre, plus malheureux de la contrainte où les enfermait le va-et-vient des allants et venants, ne leur permettant guère que de petites embrassades à la dérobée ; c'est alors que surgit dans mon esprit le décor où j'aurais voulu, poète hospitalier, voir s'épanouir leur tendresse. Non pas un paysage pyrénéen, ou quelque plage lointaine où la vague nocturne pleure délicieusement, ou quelque lac Suisse endormi entre les bras pesants des montagnes. Non! C'est tout près de Paris que je les appelais, dans un coin de banlieue presque où s'esjouit hebdomadairement la badauderie dominicale sans en connaître les ressources, quand le soir en est venu chasser les oisifs.

Vous connaissez certainement le rond-point de verdure où vient mourir la cascade artificielle de Saint-Cloud? C'est au bout de la grande avenue où se passe la fête et où viennent se greffer transversalement d'admirables quinconces de tilleuls. Le bois ne commence

que plus loin, le bois plein de petites montées
délicieuses, tout en pente jusqu'à la Seine,
vraie cascade aussi de verdure épaisse et foisonnante. Mais, où je veux dire, c'est plat et
très découvert, avec les escaliers de pierre en
face qu'interrompent les vasques assouvies des
bassins, jusqu'au couronnement monumental
qui domine et où des tritons s'essoufflent, enflant leurs joues vides, tandis que des chiens
chimériques exhalent, sans se lasser, un silencieux aboiement, composition somptueuse et
d'une majesté rassise, faisant songer à la fois
aux solennités de Versailles et aux *Fêtes galantes* de Paul Verlaine, site où se rencontrent
certainement, les nuits où se promènent les
âmes, l'ombre de Lenôtre et l'ombre de Vatteau.

❦

Dans le beau silence d'une nuit lunaire

comme les dernières nuits de cet été, je ne sais rien de plus admirable que ce point de vue et j'y convie les amoureux fervents, me rappelant moi-même les adorations lointaines qu'exhala, devant ce mirage des gloires d'antan, ma jeunesse évanouie. Tout y concourt au recueillement mélancolique qui, pour tous ceux qui ont vraiment vécu, est au fond de l'amour. Ces grandes masses d'ombre qui l'enserrent comme un amphithéâtre et semblent déjà la menace des oublis à venir, des oublis où meurent toutes nos joies. Puis ce grand et large rayonnement qui se brise en filets argentés sur l'eau peu profonde où semblent courir des serpents ; le calme suranné de ces groupes de marbre où s'enlacent des dieux et des mortelles, le charme sublime et rococo tout ensemble des choses d'un art disparu. Tout dit là d'anciennes amours, et j'y crois entendre cette strophe divine d'une chanson trop peu connue du vieux La Fontaine :

Non, sans l'amour, tant d'objets ravissants,
Bosquets fleuris et jardins, et fontaines,
N'ont pas d'attraits qui ne soient languissants,
Et leurs plaisirs sont moins doux que ses peines.
— De jeunes cœurs, c'est le suprême bien,
Aimez ! Aimez ! Tout le reste n'est rien !

La chanson divine, n'est-ce pas, et dont le refrain est vraiment le secret de la vie tout entière !

Ainsi devant ces amoureux perdus dans le bruit de la grande ville, je revoyais ce paysage exquis où m'ont longtemps rappelé de chers pèlerinages. Et ressuscitant dans ma mémoire les tranquilles splendeurs éclairées par une nuit pareille, je murmurai moi-même le dernier vers du vieux poète :

Aimez ! Aimez ! Tout le reste n'est rien !

BROUILLARD

Je sais que je serai peut-être seul de mon avis, mais le brouillard est, pour moi, un des rares délices de l'hiver et c'est un monde d'impressions exquises qu'il enserre dans mon cerveau légèrement opressé. Impressions artistiques avant tout. Ce grand estompage de toutes les lignes, ce voile transparent où apparaissent, seules, les formes prochaines, ce vague des lointains qui flottent, n'est-ce pas comme une grande ébauche de certains maîtres, des plus délicats? La crudité des tons s'amortit dans cet épaississement de l'air et tout revêt le charme des grisailles avec je ne sais quelles touches d'aquarelle ou de pastel dans les premiers plans. C'est l'oubli des couleurs brutales, l'anéantissement des contours heurtés. C'est comme une page fraîchement écrite qu'aurait frôlée l'aile capricieuse de la fantaisie. J'imagine que Victor Hugo devait partager mon goût : car ses dessins à la plume ont toujours ce sentiment brumeux qui n'exclut nullement l'énergie des effets. Car, en art, la force et la vigueur ne sont pas choses absolues, mais seulement faites de relations.

Impressions psychologiques aussi plus profondes et plus caractérisées. J'ai toujours eu le mal de l'Infini, et impuissant à le concevoir, je ne puis comparer ce mal inutile qu'à l'attirance des gouffres. J'en cherche toutes les images, dans la nature, avec une ardeur instinctive, et, tandis que, fils de montagnards, je ne puis vivre plus de huit jours dans les montagnes sans d'indicibles mélancolies où se fond, pour ainsi parler, ma pensée, jamais je ne me lasse de l'horizon lointain des mers non plus que de la solitude même aride des plaines.

Mon rêve me mène souvent au désert, dans l'ennui mortel des sables torrides, et je m'y complais dans la silencieuse compagnie des Pyramides et dans la paix désolée des tombeaux. Mais le long de l'Océan, sur les terres qu'aucun accident de colline ou de bois ne vallonne, dans le Sahara même, la ligne qui rejoint notre monde au ciel, aussi bien dans le rayonnement triomphant de l'aurore que dans l'incendie des couchants, m'impose la notion d'un point où s'arrête l'espace béant devant moi, d'un terme posé au bout du champ de mes regards.

Le brouillard seul supprime cette notion désolante. C'est comme un horizon qui recule devant nous si loin que nous marchions, comme un mystère sans fond où nous plongeons aussi profondément qu'il nous plaît. Ce n'est pas l'infini assurément, mais c'est l'illusion ou plutôt c'est l'indéfini, ce mensonge de l'infini.

Et puis c'est comme un réveil de toutes les choses dans un chaos savamment renouvelé. Je traversais, il y a quelques matins, le pont des Arts par une très forte brume et je ne puis dire ce qu'avait de vraiment féerique le tableau dont j'étais comme enveloppé. Sur la Seine qui se perdait dans une sorte de fumée rousse, les bateaux allaient et venaient, lanternes allumées à l'avant, ouvrant de grands yeux rouges ou verts éclatants comme de larges pierreries, comme de gros rubis, d'invraisemblables émeraudes, tandis que le grouillement obscur des petites barques traversait cette ombre, lumineuse à demi, de sillons d'argent pareil à un cliquetis d'épée.

Mais c'était plus haut, à hauteur d'horizon,

que le spectacle avait toute la grandeur d'une féerie. De part et d'autre c'était Paris sur une toile de fonds légèrement ondoyante comme une mer qui se calme. Car ce grand spectre de vapeur qui errait sous le ciel, comme l'âme d'un damné, y promenait des transparences inégales, tantôt découvrant à demi un coin de la grande cité, tantôt replongeant, dans l'invisible, des silhouettes un instant entrevues.

En sorte que Paris semblait se construire, puis s'abîmer devant moi, et j'en refis dans mon esprit toute l'histoire ; j'y vis Notre-Dame grandir sous les mains patientes de la Foi et s'ouvrir à la pompe des couronnements; le Palais de Justice s'amonceler et s'étendre, à mesure que grandissait le crime, la Loi sentant croître son empire ; la tour Saint-Jacques relever sa grande ombre sur l'horreur des derniers massacres et sur les morts inconnus qui dorment encore à ses pieds... — Et de l'autre côté, le Louvre s'effaçant vers les Tuileries absentes d'où le temps a balayé jusqu'au mausolée de l'antique monarchie.

Oui, tout cela défilait devant moi comme dans un panorama insuffisamment éclairé, avec une absence de reliefs qui m'arrachait délicieusement au sens de la réalité.

Et puis, comme notre esprit est fait surtout de retours sur nous-mêmes, la Nature n'étant qu'un décor au drame permanent de la pensée, je songeai que, sur l'une et l'autre de ces rives du grand fleuve, j'avais dispersé le meilleur de ma vie en efforts souvent stériles, en amours souvent mensongères ou folles. Mon existence me parut séparée comme en deux par cette course des eaux sous mes pieds, des eaux troublées par l'hiver et n'emportant plus à l'Océan l'image radieuse du ciel. Sur ce bord ont chanté les espoirs de ma jeunesse et pleuré mes premières désillusions. J'y ai couru, comme une feuille cueillie verte, au vent exquis et mortel de la bohême dans le tourbillon des filles légères et des amitiés d'un jour. Sur l'autre je me retrouve plus grave des peines bientôt venues, marchant d'un pas plus sûr peut-être mais moins audacieux, entré dans la grande lutte avec ceux qui demandent aux jours qui se suivent, qui se hâtent, un peu de passion et un peu de paix.

Et comme le jour plus clair mêlait comme une imperceptible cendre d'argent à la brume toujours flottante, invoquant partout des blancheurs douces, des blancheurs de chair idéale, fluides et caressantes, ce fut comme une théorie des bien aimées d'autan, des maîtresses jadis aimées qui me vint des horizons même de ma jeunesse avec des fleurs de souvenir au front, dans le ruissellement des chevelures d'or et des chevelures de nuit. Toutes avaient un sourire vague aux lèvres, le sourire mystérieux qu'y laisse le dernier baiser, et je les reconnus toutes, celles que j'avais méconnues et celles qui m'avaient fait souffrir mille morts : Oui, les voilà bien toutes !

> Celle-ci m'a versé l'ivresse
> De tous les désirs apaisés,
> Et, longtemps après sa caresse,
> J'ai pleuré ses derniers baisers.
>
> Celle-là, me restant farouche
> Pour me torturer m'avait pris ;
> Et, longtemps, j'ai bu sur sa bouche
> L'amère douceur des mépris.
>
> Mais celle qui, dans la géhenne,
> A traîné mon cœur sans retour,
> Pour moi n'a jamais eu de haine,
> Pour moi n'a jamais eu d'amour !

Rayonnante dans le premier rayon de soleil

perçant les vapeurs subitement dorées, une image domine toutes les autres, terrible et douce à la fois :

Je sais encor ton nom, femme qui, la première
Fis tressaillir mon être au toucher de ta main,
Et, de tes yeux divins, me versant la lumière,
Des calvaires d'amour m'as appris le chemin.

Alors même qu'aux cieux où l'ombre tend ses toiles,
Du stellaire printemps s'ouvre la floraison,
Le vieux pasteur, debout sous le champ des étoiles,
Se souvient de Vesper montant à l'horizon.

D'autres astres ont lui dans le ciel de ma vie,
Perçant de flèches d'or l'ombre où dormait mon cœur;
Sur ta route de feu bien d'autres t'ont suivie,
Sans distraire mes yeux de ton éclat vainqueur.

Tu parus souriante au levant de mes rêves,
De l'azur inquiet dissipant les ennuis,
Et tu m'appris, avec l'oubli des heures brèves,
Le néant de ta flamme et la douceur des nuits.

Ah! ton premier baiser ma laissé la morsure
Par où, jusqu'à la mort, je sens couler mon sang,
Et les autres n'ont fait que creuser la blessure
Ouverte, par ta main cruelle, dans mon flanc.

LA DESTINÉE

Quelquefois encore, le chemin de fer, en m'emportant, frôle l'extrémité du parc où j'ai passé mon enfance, un parc qui s'étage en pente rapide jusqu'au talus de la voie ferrée et où rien ne me semble changé. Le quinconce de tilleuls dominant la hauteur ; à droite le pavillon aux vitraux colorés où j'allais regarder des paysages successivement rouges, bleus, oranges. Et quels paysages ! La Seine coulant tranquille entre des joncs et, par de là le fleuve, Soisy, avec ses larges avenues que Daudet connaît bien. Le toit de la maison où je passais mes vacances dresse à peine une ligne d'ardoise au dessus de cette masse de verdure. C'est tout près de Corbeil, avant d'y arriver. On ralentit déjà pour la station d'Evry. Quand j'ai passé là, c'est comme une bouffée de souvenirs qui me suit, quelque chose de pénétrant comme un parfum qui charme et obsède. Longtemps encore après, le panorama qui fuit en sens inverse de ma course est voilé comme dans un rêve. Mes yeux et mon esprit sont cloués à la vision rapide qui les a happés en chemin. J'ai fait bien souvent le projet d'aller frapper à la porte qui ne s'est jamais ouverte pour moi depuis tant d'années. Le possesseur actuel du domaine ne me refuserait pas sans doute de le parcourir, accompagné par un jardinier. Je m'y soûlerais de chères mémoires et j'en garderais une fleur furtivement cueillie. La fuite insensée du temps m'a seule interdit ce doux pèlerinage.

C'est là que nous passions tout l'été, ma cousine et moi... Ma cousine ! pas plus que moi, elle ne se doutait alors que nous jetterions un jour, l'un et l'autre, un peu de nos pensées au grand public des lecteurs. Nous étions élevés, tous les deux, dans un milieu de bonne bourgeoisie où les littérateurs n'étaient pas précisément honnis, mais simplement regardés comme de curieux animaux, amusants quelquefois, mais dont, en principe, il convient de se défier, race bohème faite pour la distraction des désœuvrés. En revanche, les magistrats et les notaires y étaient entourés d'un respect sans limites. Je ne dis rien des curés qui y venaient badiner honnêtement et dont je dirais volontiers qu'ils tenaient le haut du pavé, si les allées n'eussent été simplement sablées. J'ai vu défiler, dans cet hospitalier asile, tout ce que Notre-Dame-de-Lorette, Ris-Orangis, Evry, Corbeil et Soisy ont possédé de vicaires de bonne humeur et de bel appétit.

Singuliers maîtres et bizarre apprentissage

du genre badin où Ange Benigne et moi avons cherché notre vie de chroniqueurs. Tout me porte à croire, ma cousine, que nous sortons de deux œufs de canards perdus ou méchamment cachés dans cette couvée de poulets innocents et sacerdotaux.

Oui certes, celui-là nous eût également étonnés qui nous eût prédit que vous écririez tant de fringants volumes, comme ces *Filles mal gardées* qu'un éditeur vient de réunir, non pas dans un couvent, mais dans un écrin typographique exquis, et que moi-même, après avoir tenté la grande lyre, laquelle demeurera ma passion éternelle, je donnerais leur vol aux *Malheurs du commandant Laripète*. Nous étions pourtant, s'il m'en souvient, deux enfants bien sages dans ce temps-là, peut-être plus studieux et recueillis que les autres enfants de notre âge. Je prisais votre compagnie, néanmoins, plus que celle des plus aimables ecclésiastiques. J'étais consciencieusement bourré de latin et vous jouiez du piano comme un ange. Le doux Panseron et le vertueux Aristide Latour florissaient dans tous les albums, et je n'ai pas oublié un duo qu'on nous faisait chanter très sérieusement le soir et dans lequel vous représentiez une jeune paysanne honnête répondant à un marquis :

> Non, non, monseigneur
> Qui me dites gentille,
> Non, je suis pauvre fille,
> Et j'ai donné mon cœur.

Le marquis, c'était moi et, sans m'arrêter à cette délicate résistance, j'insistais comme il suit :

> Ah ! quitte ta chaumière,
> Et viens dans mon palais :
> Là, tu n'auras, bergère,
> Ni soucis ni regrets.

Je ne puis pourtant pas croire que ce soit cette poésie-là qui m'ait donné le goût des vers. Tout au moins, ai-je fait de mon mieux pour ne l'imiter jamais. Je cherche, en vain, vous dis-je, par quoi les destins ont préludé à notre carrière de gens de plumes. Nous vivions entre des sermons, des parties de whist, des théories légitimistes, et on ne nous permettait de lire que certains passages de *Télémaque*. Comme ils vous ont étrangement inspirée! Vous avez fait de Mentor une ganache qui n'a rien à envier à Sganarelle et de la légère Eucharis, une demoiselle à la mode, levant la jambe plus haut que le cœur. Moi-même je n'affirmerais pas que mon amiral Le Kelpudubec ne m'ait souvent rappelé le voyageur Ulysse. Nonobstant, ma cousine, il fallait une certaine perversité native pour en venir à ces métamorphoses des héros de notre jeunesse. Comment diable en sommes-nous arrivés là?

Nul n'échappe à son sort et ceux qui raillent la destinée sont de superficiels observateurs. J'y suis maintenant. Vous rappelez-vous, à mi-chemin en descendant le parc, avant d'arriver aux quinconces de tilleuls, dans le coin le plus frais de l'immense jardin, une source peu profonde et dont l'eau très bleue avait des reflets de lapis ? De petites racines rouges comme des brins de corail flottaient tout autour, souples et s'amincissant en chevelure ; le sable lui-même, le sable fin qu'agitait un insensible remous d'eau montante avait la couleur du ciel, un bouquet d'arbres semblant s'ouvrir tout exprès pour que celui-ci pût se mirer dans ce minuscule lac. Les rives en pente douce étaient veloutées de mousses sombres piquées çà et là de petites fleurs pourprées et pareilles à des gouttes de sang. En frôlant le menu feuillage, les brises matinales prenaient là des chansons harmonieuses et les rossignols y lançaient le soir des trilles éperdus, sur la branche vibrante où se balançait leur nid. Nous adorions cette Thébaïde, dabord parce qu'elle était délicieuse, en effet, mais aussi parce qu'on nous interdisait formellement d'y venir, de peur d'accident, un enfant s'étant autrefois noyé là. Comment résister à l'attrait d'un fruit à la fois savoureux et défendu?

Oh! maintenant, c'est bien clair pour moi. Par un jour d'été très chaud, — vous aviez dix ans, je pense, — vous vous êtes assise au bord de cette source et, cédant à une enfantine tentation de fraîcheur, vous y avez trempé le bout de vos jambes, comme dans une idylle. Je vous dis que je vous vois d'ici et que je ne saurais m'expliquer autrement comment cette jolie teinte d'azur est demeurée à vos bas. Moi même, certainement, j'aurais été cueillir sur l'eau de cette Hippocrène nouvelle qu'avait faite votre image reflétée comme celle d'une jeune Muse, quelque plume tombée du vol d'un roitelet ou de quelque autre oiseau sans grande importance.

Voilà pourquoi, ma chère cousine, nous écrivons tous les deux.

Ce n'est pas seulement, doux lecteur, — car c'est à toi maintenant que je m'adresse, étant incapable de longues conversations, même avec les personnes que j'aime le mieux, — quand le hasard d'un voyage me ramène devant cette terre de Crandbourg que je me sens assailli par mes souvenirs d'enfance. L'apparition d'un livre nouveau d'Ange Benigne aux vitrines suffit à me rappeler l'étrange début de deux destinées vraiment fraternelles. Car nous avons commencé d'écrire, presque en même temps, la mort de son mari Paul de Molènes, le vaillant écrivain dont Barbey d'Aurevilly a si noblement parlé, ayant décidé ma cousine à tenter aussi la rude carrière où l'on vit de son esprit, tandis que moi-même, me sentant peu apte aux intrigues qui font aujourd'hui les fortunes administratives, je demandais à ma plume les consolations de la liberté. Esclaves de la chronique, penchés chaque matin sur la feuille qui s'envolera le soir, nous menons, au fond une vie de Bénédictins, sans le bénéfice du salut éternel, moi, dans ma petite maison d'Asnières isolée et perdue sur la route, elle dans son fastueux appartement de Passy. Car l'écrivain est demeuré grande dame jusqu'au bout des ongles, grande dame éprise de toutes les élégances parisiennes. Tandis que je cherche les personnages de mes récits gaulois en écrasant le sable de mon jardin, fichu comme quatre sous, dans ma vareuse villageoise, regardant du coin de l'œil le plat de choux que j'obtiendrai peut-être de mon potager, les fringants héros d'Ange Benigne, ses pschutteux élégants, ses pimpantes demoiselles, tout ce monde coquet, si finement observé, habite, avant la couverture historiée des livres, les tentures de satin d'un salon plein de merveilles. En promenant, dans les bouquins hâtivement coupés, leur aristocratique fantaisie, c'est comme une empreinte qu'ils emportent du nid d'où ils se sont envolés, nid moelleux tout duveté d'hermine. L'adorable hermitage d'où, chaque jour, un coupé emporte vers le Bois l'auteur de tant de volumes fêtés, donne, de l'avis des gens de lettres d'aujourd'hui, une toute autre idée que le réduit crasseux d'où Colletet s'élançait en quête d'un dîner chimérique.

Mais que me voilà loin de notre commun berceau, ma cousine, de la chère maison où le souvenir des absents nous appelle encore !

Les voix chères qui se sont tues !

dit un vers du poète Paul Verlaine, je crois, vers exquis s'il en fut. Ce sont ces voix-là, ces voix muettes qui ne nous parlent plus qu'en rêve des courses enfantines et interdites au bord de la source bleue, là où les rossignols nous chantaient leur messe de minuit. Je parie que vous lisiez aussi en cachette les passages défendus et les chapitres obscènes de *Télémaque*.

Vous voyez bien que nul n'échappe à sa destinée !

ABSENCE

Le ciel nocturne s'ouvre comme un large éventail semé de paillettes d'or pâle, un large éventail de satin noir que fait osciller lentement une main invisible ; soudain une flamme apparaît au bord qui va l'embraser tout entier peut-être. Non ! un trou de lumière s'y fait seulement comme si une large étincelle y fût tombée. C'est la lune tout ronde, la mystérieuse lucarne par où l'infini nous contemple. La dame qui préside à nos destins, de derrière les nuées, et dont le firmament n'est, sans doute, qu'un objet de coquetterie — car si je ne crois plus aux dieux, je veux croire encore aux déesses, source éternelle de Beauté et non de Justice — la déesse a, sans doute, elle-même, du bout de son doigt de clarté, crevé la mince étoffe pour regarder, sans être vue, quelque amoureux qu'elle a sur la terre, quelque fils d'Endymion qui rêve l'amour d'une Immortelle. Voici que de blanches vapeurs courent à l'horizon sur l'azur éclairci. Certainement les plis flottants de la jupe de gaze que l'Inconnue divine va laisser choir sur ses pieds pour remonter vers sa couche aux rideaux d'ombre, quand le premier souffle d'aurore éveillera le bien-aimé.

Le ciel est mauvais à regarder tout seul avec des yeux d'exilé.

Les étoiles ont de petits regards railleurs où scintille la moquerie. Durant que ma course m'entraîne plein des mélancolies du champ des astres, la fleur de lumière que d'autres yeux contemplent peut-être en même que les miens, tout mouillés comme eux des détresses de l'absence, la marguerite de clarté qui s'effeuillera sur une espérance, il me semble voir les constellations jalouses sourire méchamment. Pour un peu, je les entendrais s'esclaffer vaguement dans la musique des souffles qui se croisent et sifflent sur mon rapide chemin.

— Hi! hi! hi! hi! L'imbécile qui croit qu'on pense encore à lui! Ton amoureuse dort, mon garçon, et ce n'est pas de toi qu'elle rêve.

Je ne veux plus regarder ces alouettes de malheur qui montent dans le ciel sur des ailes d'or.

— Hi! hi! hi! hi! reprennent-elles dans le vent plus rude qu'un tunnel engouffre avec moi, ton amoureuse ne dort plus, animal. Ils sont deux là-bas qu'enivre la sérénité du silence dans la couche parfumée où frissonnent leurs caresses nouvelles.

Ah! que le ciel est mauvais à contempler tout seul avec des yeux d'exilé!

Les filles de ce pays sont belles entre toutes. Leurs yeux noirs sont comme des braises chaudes où brille un dernier point embrasé, ce qu'on voit à peine et ce qui suffit pour allumer un incendie dans l'ombre. Leur rire ouvre leur bouche comme un fruit mûr, un fruit de pourpre qui attire la bouche vers de savoureuses fraîcheurs. Comme les ailes d'un corbeau blessé qui pendent sur un monticule de neige, leurs cheveux aux reflets d'azur sombre couchent leurs bandeaux sur des fronts d'un blanc mat et superbe. Elles sont les fiertés divines de la chair qui se sent désirée, et leur cou a quelque chose de l'orgueil du cou des cygnes traversant les grands lacs dont les rives les admirent. Et leurs belles épaules ont aussi des renflements d'ailes effarouchées quand le désir les effleure, Le sang latin, rouge et fervent comme celui des vignes, les fait filles des races sacrées où les anciens dieux cherchaient leurs maîtresses. Elles sont belles, entre toutes, les filles de ce pays.

Après tout, ce n'est point un mal que s'arracher violemment aux tyranniques liens d'une unique tendresse. Les voyages n'ont été inventés que pour ces délivrances passagères et non pas, comme le croient de stupides géographes, pour la découverte des Amériques lointaines. Pourquoi n'aimerais-je pas ici, dans ce grand parfum de violettes que ne promène pas encore, par les rues de Paris, le chariot encore embourbé dans les neiges des marchandes en plein vent? J'aimerai légèrement, comme il convient quand on doit se quitter vite. Il peut tenir beaucoup de bonheur rapide entre un bonjour et un adieu ! Comme cela, les étoiles ne se ficheront plus de moi quand je reviendrai.

Oui, pourquoi laisserais-je passer devant

moi, sans tendre la main pour les saisir, ces joies vivantes qui m'appellent?

Que me faut-il pour en avoir le courage ? Un peu d'oubli !

J'ai tout au fond du cœur une source étrange comme cachée dans des profondeurs, et vers laquelle on ne se peut pencher que lorsqu'un grand émoi de mon être entr'ouvre les ombres qui la recouvrent, comme fait un vent d'orage quand il écarte violemment les branchages qui cachaient le ciel à un ruisseau obscur. Mais alors si quelque image y descend, dans cette source mystérieuse qui bruit avec mon sang, elle y demeure éternellement gravée. Ne me demandez pas l'oubli pour celle-là ! Un Léthé tout entier l'emporterait dans son cours que l'image demeurerait fixée dans l'aridité du sable, pareille à ces choses pétrifiées où l'eau, en se retirant, laisse des formes vivantes, dures comme le granit !

Elles sont belles, pourtant les filles de ce

pays! Elles promènent déjà, sous les premiers bourgeons des jardins, des nonchalances printanières où chantent des appels au plaisir, des appels doux et vibrants comme ceux d'une lyre, où le soleil aurait tendu pour cordes, ses premiers rayons!

MA FÊTE!

J'en appelle à vos souvenirs, ô mes bien-aimées d'antan : jamais, n'est-ce pas, je n'ai laissé passer le jour de vos fêtes, sans vous offrir des fleurs et quelque bijou, un bouquet et un plus durable souvenir de ma tendresse. Si je dis : vos fêtes, c'est qu'il n'en est pas une de vous, peut-être, qui ne m'eût persuadé qu'elle se nommait, à la fois, Adèle et Palmyre, — ou bien : Léontine et Virginie, — ou encore : Adélaïde et Clara, ce qui m'engageait à renouveler deux fois l'an mes largesses de roses et d'orfèvrerie. Cela ne me déplaisait pas. Grâce à ces cadeaux semestriels célébrant un anniversaire qui se contente ordinairement d'être annuel, je me fais l'effet d'avoir vécu juste le double de mon âge, et alors je me trouve bigrement bien conservé. Merci, ô mes généreuses amies ! Un statisticien de mes amis, — j'en ai dans toutes les branches d'industrie et jusque dans les prisons, — a calculé qu'avec le nombre de roses que j'ai données en ces occasions, depuis que j'ai l'âge d'homme, on pourrait remplir un ballon cubant douze cents mètres. Ce serait charmant. On ferait éclater cet aérostat dans l'air et Paris aurait un jardin sur les toits, comme autrefois Ninive. Le même statisticien, un jour qu'il était plus malade encore (Dieu vous garde, mes chéries, de cette épidémie!), a établi qu'avec le prix des joailleries que j'avais ainsi dispersées à vos pieds, un juif pourrait acheter, à dix mille exemplaires, la collection complète des œuvres d'Édouard Drumont. Tout cela n'est pas pour vous rien reprocher, mesdames, mais pour en arriver à ceci : Toutes exquises dans vos procédés, il n'en est pas une de vous qui ne m'ait dit, en acceptant mon double présent: Ah! mon ami, que je suis malheureuse de ne pouvoir vous rendre votre politesse en vous brodant quelques jolies pantoufles. Mais est-ce ma faute à moi si j'ai vainement consulté les calendriers et s'il n'y a pas de saint Armand!

Et moi aussi, en interrogeant ces munificences imprimées de mon facteur, j'étais bien obligé d'en convenir : il n'y a pas de saint Armand!

Cette découverte m'avait été tout d'abord désagréable. J'interrogeai consciencieusement l'histoire sur mes homonymes célèbres pour tâcher d'en découvrir quelqu'un que je pusse signaler au pouvoir béatificateur du Saint-Père. Mais allez donc faire un saint Richelieu qui, non content de créer l'Académie française, fit

mourir si méchamment le pauvre de Thou
— Pas davantage avec Carrel, Dieu, qui est un malin, ayant solennellement déclaré qu'il ne voulait pas un seul politicien au Paradis. Reste Armand Duval, de la *Dames aux Camélias*. Ce ne fut pas un méchant garçon, mais de là à être mis de pair avec Vincent de Paul, il y a loin. Décidement la vertu avait fait défaut, une vertu suffisante aux tristes porteurs de mon prénom!

Cette dernière remarque m'avait inspiré une ambition que je peux bien avouer aujourd'hui : celle d'être ce fameux saint Armand qui manquait si outrageusement aux collections célestes. C'est un honneur dont je ne profiterais pas directement, mais qui serait éminemment utile aux jeunes hommes s'appelant, dans l'avenir, comme moi. A eux tous les petits morceaux de laine ouvragée dont mes pieds frileux avaient été privés par un injuste destin! A eux les bretelles fleuries qui changent les

épaules en parterres ; à eux les bourses en soie
brodés de perles et tous ces trésors ingénieux
de l'adresse féminine que je m'étais vu refuser
par l'incurie des gens qui me portèrent aux
fonts baptismaux pour me donner un avant-
goût de l'hydrothérapie! Vous me bénirez dans
les siècles futurs, heureux collectionneurs de
biens fragiles, mais charmants comme l'amour
de celles qui les donnent !

Et je me vouai à la pratique de toutes les
perfections par quoi s'illustrèrent et gagnèrent
leur place dans les litanies tous les bienheureux
à qui les dévots demandent encore aujourd'hui
des oraisons. Pour être celui à qui l'on dirait
un jour: Saint Armand, priez pour nous ! j'im-
posai silence à toutes mes passions, j'écrivis
sur la porte de mon âme : *Vade retro Satanas!*
Et je fis la nique à mes tentations auprès desquelles on ne devrait même pas mentionner,
dans les lexiques, celles de saint Antoine. Car
saint Antoine s'était mis à deux pour les braver,

Il avait appelé un cochon à son aide. Moi, j'étais mon propre cochon !

Ah ! je ne parvins pas du premier coup à l'état idéal auquel je voulais atteindre. Il m'arrivait bien de pécher encore quatre ou cinq fois par semaine contre le commandement de l'œuvre de chair et même sept fois, pendant le carême, parce que le poisson m'aiguillonne. Mais quel progrès déjà sur ma vie de désordres à vingt ans ! J'avais fait mon calcul : en me perfectionnant dans cette proportion et avec cette constance, je ne pécherais plus guère que quatre fois par mois à soixante ans et une fois et demie par an à quatre-vingt. Autant dire plus du tout. Si je parle de cette faute et non pas de celles auxquelles nous exposent les autres désirs humains, c'est que ceux-ci m'ont toujours paru bien plus aisés à dompter. Ne plus boire ? La bonne plaisanterie ! Tout ce qu'on boit est si mauvais aujourd'hui ! Ne plus fumer ? La belle privation ! La régie nous fait des cigares infumables. Mais ne plus…? Ah! mes enfants, voilà qui a un fier mérite! Ne plus jamais. .? Ah! cristi! coupez-moi la tête tout de suite! Et ne vous trompez pas! Je tiens essentiellement à être guillotiné par le haut!

Ah je vous en réponds que je souffrais pour atteindre progressivement, — et sans secousse, — à cette tant précieuse chasteté qui est essentielle aux personnes ayant l'intention de se faufiler dans les litanies des bonnes vieilles! Je me retenais pour me mortifier Mais dès que je sentais quelque orgueil de m'être si bien retenu, je succombais exprès, pour mortifier ma propre mortification, ce qui est encore plus beau aux yeux des saints déjà arrivés. Je m'en suis donné, un mal, pour devenir pur comme un lys ou comme l'agneau pascal qui meurt sans avoir fait la moindre bêtise… Mais j'y renonce aujourd'hui. C'en est fait de l'édifice coûteux de ma vertu! Au néant, mon rêve de gloire posthume dans la société des trônes et des dominations ! O luttes inutiles dans le silence des nuits où palpitait autour de mon front l'aile rose des voluptés !

Vous m'avez indignement trompé, mesdames ! Ou plutôt j'aime mieux croire à votre crasse ignorance qu'à votre avarice intéressée ! Vous m'avez entretenu, depuis vingt-cinq ans, volontairement ou inconsciemment, dans une erreur préjudiciable à ma collection de chaussures de chambre et de soutiens de culottes. Il y a un saint Armand ! Et il date d'assez longtemps pour que les plus anciennes d'entre vous aient pu le connaître : il vivait en 597 et M. Chevreul n'est qu'un enfant auprès de lui. Il était fils d'une pauvresse et fut baptisé par saint Junien, abbé de Mairé, diocèse de

Poitiers, à qui il succéda. Il appartenait à l'ordre de saint Benoît, lequel n'était pas un ordre de quatre sous. Ouvrez la *Gallia christiana nova*, tome II, col. 1238, vous y trouverez : *sanctus Auremundus*, étymologie latine de saint Armand (*aurum mundum*) et non pas saint Harmand, comme l'ont prétendu Chastelain et le Père Ch. Colin. Mon nom veut dire : or pur! Ah! coquines, comme vous m'auriez encore mieux aimé si vous vous en étiez doutées! Or pur! mes mignonnes; rien que ça ! Avec un pareil prénom, il est certain que mon animal symbolique, comme saint Marc avait le lion et comme saint Jean avait l'aigle, n'était pas le lapin. Or pur! Annoncez, Brigitte, monsieur Or pur! à madame. — Ah! vicomte, prenez donc la peine de vous asseoir. J'ai vu, rue de la Paix, une parure charmante... Toutes ces demoiselles vont ajouter à leur prière du soir : saint Or Pur, protégez-nous!

Mais il ne s'agit pas de tout cela. Voilà bien

des mois que l'amabilité d'un correspondant anonyme m'a mis sur cette piste et si clairement qu'un chef de la sureté lui-même n'aurait pas pu se tromper. Il m'a tout appris et j'ai fait le reste en me jouant. Oui, voilà des mois que j'ai découvert le patron céleste qui m'avait été si longtemps dénié. Pourquoi me suis-je tu jusqu'à présent ? — Parce que ce n'est que demain, — demain, entendez-vous, — qu'arrive l'anniversaire de saint Armand, lequel doit se fêter le 23 décembre. (Supplément à la Vie des saints, p. 208.) C'est bientôt ma fête, mes toutes belles, et j'ai vingt-cinq ans d'arriérés de cadeaux à toucher en une fois. Si je ne reçois pas douze cents paires de pantoufles, autant de paires de bretelles et de petites bourses au crochet, je me déclare indignement floué dans les relations sociales. Mais non ! je me contenterai de fleurs, de simples fleurs, avec rappel, bien entendu, des arrérages échus. Afin d'éviter tout encombrement dans tous les bureaux du journal et sur les boulevards, les voitures venant du Nord (Angleterre, Suède, les Ternes..., etc.), prendront la file le long des Champs-Élysées; celles venant du Sud (Afrique, Espagne, la Villette.., etc.), la prendront le long du boulevard Voltaire; celles venant de l'Ouest (Jersey, l'Observatoire, quartier Mouffetard.., etc.), suivront l'avenue de l'Opéra ; celles venant de l'Est (Allemagne, Bulgarie, les Batignolles...., etc.), descendront par la rue Clichy. Les services de polices seront doublés tout le long du chemin et les chœurs de l'Opéra, massés rue Halévy, entonneront, à trois heures, la célèbre cantate composée spécialement pour la circonstance (musique de Ben Tayou) :

O saint Armand, c'est aujourd'hui ta fête !

M. Ritt, directeur de l'Académie nationale de musique, a bien voulu m'exprimer personnellement, à cette occasion, le regret de ne pouvoir donner en mon honneur une représentation gratuite populaire. Ah! mes amis, que je suis heureux d'avoir un saint et que ma bonne amie en ait deux! Car j'ai dû renoncer complètement à la chasteté, puisqu'un autre a été assez godiche pour être chaste à ma place! En avant les bouquets, mesdames! C'est ma fête! C'est ma fête!

Après avoir lu ce livre, vous ne pouvez manquer de me la souhaiter.

TABLE

I

HISTOIRES D'AMOUR

		Pages
I.	Le médaillon	1
II.	Jeanne	31
III.	Lettres d'amour	61
IV.	Ventre a terre	83
V.	Chanteclair	109
VI.	Le pont	123
VII.	Pitonnet	143
VIII.	La poursuite	157
IX.	Le fantôme	171

II

FANTAISIES AMOUREUSES

I.	Super flumina	295
II.	Obsession	207
III.	Un imbécile	217
IV.	Les exilés	225
V.	Rencontre	237
VI.	Flore mystique	247
VII.	Platonisme	257
VIII.	Decor	267
IX.	Brouillard	277
X.	La destinée	287
XI.	Absence	299
XII.	Ma fête	307

Châteauroux. — Typ. et Stéréotyp. A. MAJESTÉ.

www.ingramcontent.com/pod-product-compliance
Lightning Source LLC
Chambersburg PA
CBHW060419170426
43199CB00013B/2200